Braunschweig
und Umgebung

W0054279

EDITION TEMMEN

Braunschweig
und Umgebung

Gifhorn, Goslar, Halberstadt, Helmstedt,
Hildesheim, Königslutter, Salzgitter,
Wolfenbüttel, Wolfsburg

Ein illustriertes Reisehandbuch

Von Izabella Gawin / Dieter Schulze

EDITION TEMMEN

Inhalt

Braunschweig

Ausflüge
in die Umgebung

Reisetipps A–Z

Vorwort

Braunschweig, zwischen Heide und Harz gelegen, ist mit 246.000 **Einwohnern** die zweitgrößte Stadt Niedersachsens. Jahrzehntelang lag sie im »Zonenrandgebiet«, abgeschnitten von ihrem Hinterland. Mit der Wiedervereinigung ist sie in die geographische Mitte Deutschlands gerückt, liegt nun verkehrstechnisch günstig zwischen Hannover und Berlin. Auch der Geruch kultureller Provinzialität, der ihr trotz Universität und Kunsthochschule lange Zeit anhaftete, wird allmählich abgestreift; Filmfest und Artmax, die Kulturnacht und ein Festival der Theaterformen tragen einen Hauch von Avantgarde in die traditionsbewusste Stadt.

In über tausend Jahren ist Braunschweig gewachsen, war Hauptstadt eines nach ihr benannten Herzogtums, dann eine »freie Stadt« mit weitem Umland. Sie gehörte der Hanse an, führte Kriege in eigener Regie und pochte mit Erfolg auf ihre Unabhängigkeit. In fünf großen »Traditionsinseln« wird das reiche kulturelle Erbe bewahrt: Kirchen und Klöster, Rathäuser, Burgen und Schlösser, schmucke Fachwerkhäuser auf mittelalterlichen

Plätzen und in verwinkelten Gassen. Dabei kommt die architektonische Schönheit keinesfalls museal daher, sondern ist eingebunden in quirliges, städtisches Leben.

Dieser Reiseführer bringt Sie zu den wichtigsten Sehenswürdigkeiten Braunschweigs und macht Sie mit dem Ambiente der Stadt vertraut. Es wird verraten, wo man sich am besten vergnügt, welche Restaurants und Cafés es gibt und wo man typische Souvenirs kauft. Dazu kommen Kulturtipps und Vorschläge für Ausflüge ins Braunschweiger Land. Zwischen Rüben- und Weizenfeldern, den mit Buchen dicht bewaldeten Höhenzügen von Lappland und Elm liegen die alte Residenzstadt Wolfenbüttel und das »kaiserliche« Königslutter. Klangvolle Namen haben Goslar und Hildesheim, die beiden Kulturstädte der UNESCO, sowie die alte Bischofsstadt Halberstadt. Und selbst die jüngsten Industriestandorte bieten mehr als nur rauchende Schlote: die Autostadt Wolfsburg ist ein Mekka der Kunstfreunde, Salzgitter überrascht mit zeitgenössischen Ausstellungen im Renaissanceschloss Salder.

Kulturgeschichtliche Einführung

Die Anfänge der Stadt Braunschweig lassen sich nur schwer bestimmen, doch weiß man aufgrund archäologischer Funde, dass die Talmulde westlich des Elms schon im 9. Jahrhundert besiedelt war. Später ließ König Heinrich I. an der engsten Stelle der Oker eine Burg errichten. Der Ort lag am Schnittpunkt wichtiger Handelsstraßen, die Hügel ringsum boten Schutz vor Angriffen. Ab hier war der Fluss schiffbar und sorgte über Aller und Weser für eine rasche Verbindung nach Bremen. Die Aussicht auf Gewinn durch regen Handelsverkehr verlockte Kaufleute, sich im Schatten der Burg niederzulassen. Sie wählten das linke Flussufer und tauften ihre Siedlung »Nyge Wik« (Neues Wik) - in Abgrenzung zum ursprünglichen, am rechten Ufer gelegenen Hafenplatz »Altewiek«.

Längs der Oker verlief die Grenze zwischen zwei Diözesen, so dass Braunschweig gleich mit mehreren Kirchen bedacht wurde: In Altewiek gründete der Bischof von Halberstadt 1031 St. Magni, kurz darauf konterte der Hildesheimer Bischof mit St. Blasii am Burgplatz

Mäzenatentum am Braunschweigischen Hofe

Der Hof Heinrichs des Löwen und seiner Gemahlin Mathilde gehörte zu den ersten literarischen Zentren in Deutschland überhaupt. Das bezeugen die im Auftrag des Herzogspaares entstandenen Werke (das Rolandslied des Pfaffen Konrad, Eilhart von Obergs Tristanübersetzung sowie der »Lucidarius«). In Braunschweig blühte aber auch die Handwerks- und Buchkunst - wie die bronzene Löwenstatue, das Evangeliar und der kostbare »Welfenschatz« beweisen. Heinrich etablierte ein funktionsfähiges Kanzleiwesen mit vielen Schreibern, Sekretären und Notaren. Er förderte nachweislich die Stifts- und Domschulen und sorgte so für gelehrten Nachwuchs. Mathildes Einfluss mag aufgrund ihres jungen Alters bei der Hochzeit umstritten sein - Fakt ist jedoch, dass vor allem ihre Mutter (Eleonore von Aquitanien) und auch ihre Schwestern in England und Frankreich außergewöhnliche Mäzeninnen der schönen Künste waren - und Mathilde hat diese »Familientradition« sicherlich fortgeführt ...

8

> Der Burgplatz in Braunschweig: Burg Dankwarderode (li.), St. Blasii und das Löwenstandbild

und dem später abgerissenen St. Ulrici in der Neuen Wik, für die sich nun der Name »Altstadt« herausbildete. Markgräfin Gertrud stiftete 1115 das Benediktinerkloster St. Aegidien südlich der Burg, 1190 kam St. Martini hinzu, lange Zeit größte Kirche der Stadt und das Gotteshaus der wohlhabenden Bürger.

Stadt Heinrichs des Löwen

Ein wichtiger Aufschwung kam für Braunschweig unter dem Welfenherzog Heinrich dem Löwen (>S. 65), dessen Macht von der Nord- und Ostsee bis zu den Alpen reichte. Aufgrund der günstigen Lage wurde die Stadt 1160 zur Residenz, und Heinrich machte sie zum politisch-kulturellen Zentrum des Herzogtums Sachsen. Die Stiftskirche St. Blasii wurde zum Dom ausgebaut (1173-95), die Burg nach dem Vorbild kaiserlicher Pfalzen errichtet. Der Herzog holte flandrische Siedler nach Braunschweig, die als Spezialisten im Bau von Deichen und Kanälen das sumpfige Gelände des Okertals urbar machten. Damit wurde für Händler und Handwerker Wohnraum geschaffen: Am Hagenmarkt nordöstlich der Burg siedelten sich Tuchmacher und Wollweber an, am Altstadtmarkt Unternehmer und Wechsler. Zwischen beide Ortsteile schob sich die Neustadt mit ihrem sehr regelmäßig verlaufenden Straßennetz. So gab es zusammen mit dem südöstlich gelegenen Altewiek am Ende des 12. Jahrhunderts vier rechtlich eigenständige Siedlungen, die man mit einem mittelalterlichen Wort »Weichbilde« nannte: Sie verfügten über eigene Verfassung, Rathaus, Pfarrkirche und Markt.

9

➢ Blick auf das mittelalterliche Rathaus

Gleichwohl waren die Stadtzellen durch eine ringsum verlaufende Wehrmauer zusammengefasst und traten nach außen als Einheit auf. Westlich der Burg entstand im 13. Jahrhundert als zusätzlicher Ortsteil der »Sack«, der den Namen seiner Form verdankt und keine eigene Kirche hatte.

Die Gründerzeitstimmung spiegelt sich in der Schaffung herrlicher Kalksteinpaläste: Die Bauten bildeten die Kulisse für ein reiches kulturelles Leben, das von Heinrich bzw. seiner zweiten Frau, der englischen Königstochter Mathilde, angeregt war. Während an anderen deutschen Höfen noch fromme Litanei erklang, sorgten in Braunschweig Künstler und Sän-

Braunschweiger Löwentee

Eine zart-fruchtige Komposition feiner Oolong- und Schwarztees mit einem Hauch sahniger Süsse.
Tip: 12 g Teeblätter (ca. 7 gestrichene Teelamaß) auf 1 Liter gefiltertes bzw. weiches kochendes Wasser, 2 Min. ziehen lassen.

Tee Gschwendner
Vor der Burg 12, 38100 Braunschweig

ger bereits für weltliche Unterhaltung. Eilhart von Oberg übertrug das französische Epos »Tristan und Isolde« ins Deutsche, der Pfaffe Konrad schuf die deutsche Fassung des »Rolandsliedes«.

Noch heute nennt sich Braunschweig »Stadt Heinrichs des Löwen« und trägt stolz das Emblem der Welfen im Wappen. Dem Burglöwen begegnet man an Portalen und Fassaden, auf Firmenschildern, Plakaten und Visitenkarten. Man entdeckt ihn sogar auf der Verpackung des »Braunschweiger Löwentees«, von dem es heißt, er bringe mit seinem fruchtig-milden Geschmack das Ambiente der Stadt besonders sinnfällig zum Ausdruck.

Weg in die Selbstständigkeit

Der Sturz Heinrichs des Löwen läutete für Braunschweig keinesfalls den Niedergang ein. Noch zu Lebzeiten hatte der Herzog den einzelnen Stadtteilen viele Privilegien verbrief – so mussten die Bürger keinen Grundstückszins zahlen und genossen Zollfreiheit im Reich. Es konnte ihnen gleichgültig sein, dass sich die Welfendynastie unter Heinrichs Nachfolgern in konkurrierende Linien aufsplitterte, mal vereinte, dann wieder trennte. Die Herzöge waren von ständiger Geldnot bedroht und standen bei den Braunschweiger Räten in dauernder Schuld; den Kredit zahlten sie im Verzicht auf ihre Vorrechte zurück; später tilgten sie ihre Rückstände mit Land. Innerhalb kurzer Zeit gingen Gerichtsbarkeit, Geld- und Zollpolitik in die Hand der Stadträte über. 1283 setzten die Bürger durch, dass der Herzog seinen Wohnsitz aus den Mauern der Stadt nach Wolfenbüttel verlegte. Auch kirchlicher Einmischung konnten sich die

Braunschweiger entziehen. Sie waren des ständigen Kompetenzgerangels zwischen den Diözesen Hildesheim und Halberstadt überdrüssig und trotzten dem Papst ein Privileg ab, das die Stadt geistlicher Bevormundung enthob.

Zu politischer Selbstständigkeit gesellte sich ein außerordentlicher wirtschaftlicher Aufschwung. Der Handel mit Tuch, Harzer Eisenerz und einem Bier namens »Braun-

➤ Zeichen selbstbewusster Bürger –
das Gewandhaus (unten), Wappenmotive an der Handwerkskammer (oben)

11

HANDWERKSKAMMER

12

schweiger Mumme« machte die Kaufleute reich. Ende des 13. Jahrhunderts traten die Stadträte dem Kaufmannsbund der Hanse bei, der europaweit für freien Handel stritt. Braunschweig erwarb Ansehen als wichtiger Umschlagplatz auf der Route von Flandern nach Russland, es wurden Waren nach England und in die nordischen Länder transportiert. Und als man begriff, dass man vereint noch stärker war, schlossen sich die fünf bislang konkurrierenden Bürgerschaften zusammen, schufen einen gemeinsamen Stadtrat und organisierten auch die Landwehr in eigener Regie. Braunschweig stieg auf zu einer mittelalterlichen Metropole, war eine der größten und wohlhabendsten Städte im Deutschen Reich. Da konnte viel Geld in die Entstehung neuer Bauwerke fließen. Am Hagenmarkt entstand St. Katharinen und in der Neustadt St. Andreas, etwa zur gleichen Zeit wurden die älteren romanischen Gotteshäuser zu zeitgemäßen, lichtdurchfluteten Hallenkirchen ausgebaut. Braunschweiger Handwerker leisteten Großes: Sie schufen Fachwerkhäuser mit geschnitzten und bunt bemalten Fassaden, bis heute blieb das prachtvolle Altstadtrathaus in seiner mittelalterlichen Form erhalten.

Rückeroberung durch den Landesherrn

Die Blütezeit war von Verfassungskämpfen im Innern, seit dem ausgehenden Mittelalter auch vom Gegensatz zu den Landesherren geprägt. Immer wieder versuchten die Herzöge, der »Braunschweiger Perle« habhaft zu werden. Die Einführung der Reformation 1528 verschärfte die bestehenden Konflikte. Als die Stadt drei Jahre später dem Schmalkaldischen Bund beitrat, einer Allianz protestantischer Länder und Städte, die ihre Interessen notfalls mit Waffengewalt durchsetzte, rief dies Herzog Heinrich den Jüngeren auf den Plan, der die Stadt mehrere Jahre belagerte. Nur mit Hilfe protestantischer Hansestädte und niederländischer Truppen vermochten die Bürger ihre Unabhängigkeit vorerst zu wahren.

Im Dreißigjährigen Krieg wurde die Stadt zwar nicht in die unmit-

➤ Links: Die Handwerkskammer

➤ Rechts: Die Katharinenkirche

➤ Luftblick auf die Residenz der braunschweigischen Herzöge in Wolfenbüttel

telbaren Kampfhandlungen verwickelt, doch büßte sie ihr wirtschaftliches Hinterland und damit wichtige Handelskontakte ein. Mit der Auflösung der Hanse (1669) verlor sie zudem ihren wichtigsten Verbündeten – dem Herzog war es ein Leichtes, schon zwei Jahre später die nunmehr schutzlose Stadt einzunehmen. Nach etwa 400 Jahren relativer Selbstständigkeit gingen die Bürger ihrer Privilegien verlustig, die »freien« Braunschweiger waren fortan Untertanen ihres Landesherrn: Nicht der von ihnen gewählte Rat, sondern der Hof und seine Beamten bestimmten, was in der Stadt geschah. Um seine neu gewonnene Macht zu unterstreichen, residierte der Herzog zeitweilig in der Stadt; ein rings um Braunschweig gezogener Befesti-

gungsring signalisierte seinen Behauptungswillen nach außen.

Herzog Anton Ulrich, der die Stadt zu Beginn des 18. Jahrhunderts regierte, hatte ein Faible für Kunst und Kultur. Er verpasste der Stadt ein Opernhaus und legte mit seiner Kunstsammlung den Grundstock für ein Museum, das mit seinen Gemälden von Rembrandt, Rubens und Vermeer noch heute ein Eldorado für Kunstliebhaber ist. Nach ihm war es Herzog Karl I., der die kulturelle Entwicklung der Stadt vorantrieb und 1745 die erste höhere Bildungsanstalt Deutschlands, das *Collegium Carolinum,* gründete. Dort wurden nicht nur klassische humanistische Disziplinen gelehrt, sondern auch technische Fächer, die Braunschweigs Ruf als »Stadt der Forschung« begründeten. 1753 verlegte der Herzog seine Residenz endgültig von Wolfenbüttel nach Braunschweig und schuf im folgenden Jahr das erste öffentliche Museum Europas. Das »Herzogliche Kunst- und Naturalienkabinett« bildete die Keimzelle für das Staatliche Naturhistorische Museum und das Herzog Anton Ulrich-Museum, das u.a. Meisterwerke von Cranach, Holbein, Van Dyck, Rubens und Rembrandt beherbergt.

Aus dem 1765 gegründeten Leihhaus ging die Norddeutsche Landesbank hervor, die Einrichtung einer Waisenhausdruckerei legte das Fundament für die spätere Verlagstätigkeit. Das Manufakturwesen erblühte durch Schaffung der Glashütte und der nach Meißen ältesten noch produzierenden Porzellanmanufaktur Deutschlands. Aber auch städtebaulich tat sich in dieser Zeit einiges: Aus hygienischen Gründen wurden die Friedhöfe vor die Wehrmauern gelegt, die Straßen gepflastert, Müll und Unrat regelmäßig beseitigt. Um die häufigen Feuersbrünste einzudämmen, wurden die Bürger angehalten, nicht mehr ausschließlich aus Holz zu bauen; über eine Landesbrandversicherung erhielten die Häuser Assekuranznummern, die bis heute gültig sind. Eine erste Volkszählung ergab, dass in 3000 Häusern über 22.000 Menschen lebten.

Der Geist der Aufklärung fand in Braunschweig einen fruchtbaren Nährboden. Professoren des *Collegium Carolinum* betätigten sich als Dichter, der Abt des Klosters Riddagshausen eröffnete ein Priesterseminar, und der in Braunschweig geborene Carl Friedrich Gauss – einst auf dem 10-DM-Schein abgebildet – bereicherte mit seinen Forschungen Astronomie und Mathematik. Johann Anton Leisewitz verbesserte die Armenfürsorge, und Joachim Heinrich Campe trat für eine grundlegende Reform der Pädagogik ein. Das

➢ Oben: Links die Skulptur Herzog Karl Wilhelm Ferdinands (1735–1806) und rechts Herzog Friedrich Wilhelm (1771–1815)
➢ Unten:
Das Naturhistorische Museum

15

Drama der Aufklärung machte das Theater der Stadt zu einer der wichtigsten Kulturstätten Deutschlands. Gotthold Ephraim Lessing, der jahrelang der herzoglichen Bibliothek in Wolfenbüttel vorstand, schrieb »Emilia Galotti«, das erste bedeutende bürgerliche Trauerspiel deutscher Sprache. 1772 wurde es in Braunschweig uraufgeführt, 1829 folgte am gleichen Ort Goethes »Faust«.

Französisches Zwischenspiel

Trotz des kulturellen und dank vieler Messen auch wirtschaftlichen Aufschwungs blieb bei den Braunschweigern die Erinnerung an jene Zeit lebendig, als sie Bürger einer freien Reichsstadt waren. Dies zeigte sich während der Besetzung durch napoleonische Truppen, als die Grande Armée zurückhaltend, aber nicht unfreundlich empfangen wurde. Braunschweig wurde Hauptstadt des Departements Oker im neu geschaffenen Königreich Westfalen (1807–13). Friedrich Wilhelm, der sogenannte »Schwarze Herzog«, sammelte Truppen zur Rückeroberung der Stadt und versuchte, sich als patriotischer Freiheitskämpfer darzustellen – doch die »Freiheit«, die er meinte, war eine andere als die der Bürger. Kaum jemand weinte ihm eine Träne nach, als er 1815 bei Auerstedt fiel. Auch Herzog Karl II. hatte in Braunschweig keine guten Karten. 1830 wurde er vertrieben und seine Residenz in Brand gesteckt. Im Jahr darauf begann man mit dem Neubau des Schlosses, Herzog Wilhelm gewährte der Bürgerschaft weitgehende Rechte in Fragen der Selbstverwaltung und durfte im Gegenzug wieder in Braunschweig einziehen. Längs der geschleiften Wallanlagen, sozusagen im Rücken der Residenz, ließ er eine Kulturachse anlegen, die vom Städtischen über das Herzogliche Museum bis zum Theater und zur Universität reichte. Bis heute gelten die Straßenzüge rings um die Kulturachse als die »besseren« Wohnviertel.

Herzogtum im Deutschen Reich

Von der Industrialisierung profitierte das Herzogtum anfangs nur wenig. Immerhin wurde eine Eisenbahnstrecke zwischen Braunschweig und Wolfenbüttel verlegt, später kamen Linien nach Hannover und Goslar hinzu. Doch erst mit der Gründung des Deutschen Reiches (1870), als die Zollbarrieren zwischen den deutschen Landen fielen, wurde die Stadt als Industriestandort entdeckt. Im Westen entstanden die Braunschweiger Maschinenanstalt und die Grimmsche Fabrik (Brunsviga Rechenmaschinen), Betriebe von Voigtländer und Rollei, die Panther- und Büssingwerke, der Klavierbau von Grotian-Steinweg, Großbrauereien, Konserven- und Zuckerfabriken. Das Verlagswesen, von Karl I. im 18. Jahr-

➤ Rechts:
Das Lessingdenkmal auf dem Lessingplatz

16

hundert begründet, nahm mit Viehweg und Westermann (Westermanns Monatshefte, Diercke-Atlas) großen Aufschwung; Bestsellerautoren wie Wilhelm Raabe und Friedrich Gerstäcker, Ricarda Huch und Ina Seidel wurden in Braunschweig gedruckt.

Rings um die alte und die neue Stadt wurde der »Wilhelminische Ring« gespannt, der noch heute Braunschweigs wichtigste Verkehrsader bildet. An mehreren Stellen wurde er von repräsentativen Schneisen durchschnitten. Die Aufbruchsstimmung der Gründerzeit manifestiert sich besonders deutlich in der »Verwaltungsachse« längs der Münzstraße. Sie führt vom alten Bahnhof zum neuen Rathaus und ist von Oberpostdirektion, Polizei und Gericht gesäumt. Während sich das Bürgertum wuchtig-pompöse Bauten schuf, wurde die Arbeiterschaft in die Viertel rings um die Fabriken abgedrängt.

Das Herzogtum wurde seit dem Tod Herzog Wilhelms (1884) von Regenten verwaltet. Die Aussöhnung zwischen Welfen und Hohenzollern machte 1913 dem mit der Kaisertochter Victoria Luise verheirateten Prinzen Ernst August den Weg auf den braunschweigischen Thron frei, den er freilich schon fünf Jahre später wieder verlor.

Freistaat Braunschweig

Im Ersten Weltkrieg verloren über 15.000 Soldaten aus dem Braunschweiger Land ihr Leben. In der Revolution von 1918/19 stürmten auch hier die wütenden Arbeiterhorden das Rathaus, riefen unter Führung der USPD die »Sozialistische Republik Braunschweig« aus und zwangen den Herzog zum Abdanken. Doch mit der Verhängung des Belagerungszustands durch die deutsche Reichsregierung im April 1919 brach die »Regierung der Volksbeauftragten« zusammen, das von den Linken begonnene Experiment wurde an entscheidenden Punkten ausgehöhlt. Nur das Konstrukt »Freistaat Braunschweig« blieb übrig: eine Stadt mit weitgehender Autonomie innerhalb der Weimarer Republik.

In den Folgejahren verschärfte sich die Polarisierung zwischen Arbeiterschaft und Bürgertum. Gegen die gut organisierte Arbeiterschaft formierte sich eine starke nationalsozialistische Bewegung. 1925 wurde Hitler in Braunschweig mit Jubel empfangen, fünf Jahre später war die NSDAP im Bündnis mit den bürgerlichen Parteien an der Stadtregierung beteiligt. Am 26. Februar 1932 legte Hitler in Braunschweig den Eid auf die Reichs- und Landesverfassung ab und wurde zum Regierungsrat ernannt. Dadurch erhielt er die deutsche Staatsbürgerschaft und konnte noch im gleichen Jahr für Braunschweig als Delegierter in den Berliner Reichstag ziehen. Hitler »bedankte« sich für die ihm in dieser Stadt widerfahrene Behandlung, indem er nach seiner Wahl zum Reichskanzler die soziale Frage auf seine Art löste: Braunschweig war eine der ersten Städte, in denen

Kommunisten, Sozialdemokraten und Gewerkschafter massenhaft ermordet wurden. Später fielen auch Juden und »Zigeuner«, Homosexuelle und die Zeugen Jehovas der nationalsozialistischen Vernichtungspolitik zum Opfer.

Eine führende Rolle in der Braunschweiger Stadtpolitik spielte Dietrich Klagges, der ab 1931 Volksbildungs- und Innenminister war. Zwei Jahre später avancierte er zum Ministerpräsidenten, der dafür eintrat, Braunschweig zur »Gauhauptstadt« zu machen. Bis heute erinnern bauliche Maßnahmen an die ideologische Ausrichtung jener Zeit, abzulesen an der »Akademie für Jugendführung«, dem heutigen Braunschweig-Kolleg, und an der »Bernhard-Rust-Hochschule«, dem heutigen Naturhistorischen Museum. Es entstanden sogenannte Mustersiedlungen, der Braunschweiger Dom wurde »nationale Weihestätte«.

Vom Zonenrandgebiet in die Mitte Deutschlands

Ende Oktober 1944 legten alliierte Bomber die nationalsozialistische Hochburg in Schutt und Asche. Tausende von Menschen verloren ihr Leben, die größte Fachwerkstadt Deutschlands wurde zu 90% zerstört. Der Wiederaufbau fand unter britischer Besatzung statt. Man nahm sich vor, das alte Braunschweig zu rekonstruieren, doch zugleich eine moderne, autogerechte Stadt zu schaffen. Deshalb wurden weit ins Mittelalter zurückreichende »Traditionsinseln« ange-

legt, die durch mehrspurige, verkehrsreiche Trassen voneinander abgeschnitten sind. Das im Krieg stark zerstörte Schloss wurde 1960 abgerissen.

Der Mauerbau (1961) war für Braunschweig ein schwerer Schlag, das »Zonenrandgebiet« schreckte gleichermaßen Investoren wie Neusiedler ab. Um diesen Nachteil auszugleichen, wurde viel Geld ins Bildungswesen gepumpt. Das *Collegium Carolinum* wurde zur Technischen Universität aufgewertet und die Stadt um wichtige Forschungsinstitute bereichert. In der Physikalisch-Technischen Bundesanstalt tickt eine Atomuhr, die Deutschlands »gesetzliche« Zeit bestimmt. Das Luftfahrtbundesamt erforscht Neuerungen in der Raumfahrt, während in der Bundesstelle für Flugunfalluntersuchung nach jedem Crash die Blackbox des Fliegers ausgewertet wird. Ihren Sitz in Braunschweig haben auch die Bundesforschungsanstalt für Landwirtschaft, die Biologische Bundesanstalt für Land- und Forstwirtschaft, das Institut für angewandte Mikroelektronik und die Gesellschaft für Biotechnologische Forschung.

Mit der politischen Wende ist die Stadt Braunschweig ins Zentrum Deutschlands zurückgekehrt. Sie liegt verkehrsgünstig an den Strecken Hannover-Berlin und Hamburg-Kassel und ist mit ca. 250.000 Einwohnern die zweitgrößte Stadt Niedersachsens mit weit reichender wirtschaftlicher und kultureller Ausstrahlung.

Sightseeing
in Braunschweig

Stadtrundgang Braunschweig

Die Orientierung in der »Altstadt« von Braunschweig fällt leicht. Der Umflutgraben der Oker umschließt ein fast kreisrundes Areal von etwa 1,5 km Durchmesser. Mittendrin liegt das Herzstück der Stadt, der Burgplatz, an dem der hier vorgestellte Rundgang beginnt. Er führt zu den »Traditionsinseln« der Stadt, jenen Plätzen und Straßen, die nach dem Zweiten Weltkrieg weitgehend originalgetreu wieder aufgebaut wurden. Zu den wichtigsten zählen Altstadt- und Neustadtmarkt, Kohl- und Hagenmarkt, Magniviertel und St. Aegidien.

Burgplatz

Der **Burgplatz** ist das historische und auch das geographische Zentrum Braunschweigs. Zusammen mit dem Dom und mehreren schönen Bürgerhäusern bildet er eine nahezu runde, in sich geschlossene Gestalt – ein stimmungsvolles Ensemble aus hellem Kalkstein und Fachwerk, das von mehreren Türmen überragt wird.

In der Mitte des Platzes erhebt sich auf hohem Podest der **Braunschweiger Löwe (1)**. Mit angespannten Hinterbeinen, erhobenem Haupt und weit aufgerissenem Maul blickt er in Richtung Burg. 1166 hat Heinrich der Löwe die bronzene Figur aufstellen lassen. Mit ihrer Kraft und Eleganz gilt sie als Meisterwerk mittelalterlicher Bildhauerei; in Kunstbüchern wird sie als »die erste freistehende Großplastik nördlich der Alpen« gepriesen.

Im Auftrags des Herzogs wurde die **Burg Dankwarderode (2)** pfalzartig ausgebaut und in eine reprä-

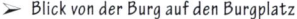

➤ Blick von der Burg auf den Burgplatz

➤ Die Burg Dankwarderode dominiert den Burgplatz

sentative Residenz verwandelt (1160–75). Sie erstreckt sich über die gesamte Ostseite des Platzes und strahlt mit ihrer hellen, reich gegliederten Fassade fast südländische Leichtigkeit aus. Aus Quadern gemauerte Rundportale und -fenster kontrastieren mit dem rauen Bruchstein der Fassadenwand. Säulen, gezinnte Kaminschlote und ein kleiner Turm setzen vertikale Akzente. Über Arkadengänge ist die Burg mit dem Dom und dem Nachbarhaus verbunden.

Was wir heute sehen, ist freilich nicht die originale Residenz, sondern eine Rekonstruktion aus dem 19. Jahrhundert. Nach viermaliger Zerstörung wurde die Burg auf den alten Grundmauern neu erbaut, wobei die Abmessungen zwischen den Räumen eine genaue Replik

Weihnachtsmarkt

Der Burgplatz ist festlich beleuchtet, es riecht nach Glühwein, gebrannten Mandeln und Lebkuchen. Doch an den Ständen wird nicht nur Kulinarisches verkauft, es gibt auch mundgeblasenes Glas, Seidenmalerei und Schnitzereien, Holzspielzeug und Keramik. Derweil die Eltern einkaufen, werden die Kinder mit Märchenstunden und Puppenspielen bei Laune gehalten, nach Anbruch der Dämmerung treten Chöre und Posaunisten an. Der Weihnachtsmarkt findet jedes Jahr statt; er dauert vom 28. November bis 28. Dezember, nur Heiligabend bleibt er geschlossen.

23

ermöglichten. Es lohnt sich, auch die Innenräume in Augenschein zu nehmen: Der zweischiffige flachgedeckte Knappensaal im Erdgeschoss beherbergt die mittelalterlichen Schätze des Herzog Anton Ulrich-Museums. Die Palette reicht vom »Blasiusarm«, einem Reliquiar aus der gleichnamigen Kirche, über den Kaiser- und Krönungsmantel des einzigen welfischen Kaisers bis zu meisterhaft geschnitzten gotischen Altären. Im Knappensaal steht auch das vergoldete Original des Braunschweiger Löwen. Der prächtige Rittersaal im Obergeschoss wird nur für besondere festliche Anlässe der Öffentlichkeit zugänglich gemacht: Rundbögen gliedern ihn in drei Schiffe; darüber spannen sich offene Holzgewölbe, die für ein anheimelndes Ambiente sorgen. Das Gold auf Lüstern, Kapitellen und Wänden lässt den Saal festlich aufleuchten.

♦ Burg Dankwarderode (Abteilung des Herzog Anton Ulrich-Museums), Burgplatz, Di 11– 17, Mi 13–14.30, 16–20, Do–So 11–17 Uhr; Rittersaal nur Di 10–11, Mi 14.30–16, Do–So 10–11 Uhr

Schräg gegenüber der Burg erhebt sich der **Dom St. Blasii (3)**, in seiner heutigen Gestalt gleichfalls eine Schöpfung Heinrichs des Löwen (1173-1195). Der Herzog hatte die bescheidene, aus Holz erbaute Kirche abreißen lassen und an ihrer statt ein Gotteshaus gestiftet, das die kaiserlichen Kirchen übertrumpfen und ihm als ehrwürdige Grablege dienen sollte. Ein Bischofssitz war die Kirche zwar nie, doch aufgrund ihrer historischen Bedeutung hat sich die Bezeichnung »Dom« schon früh durchgesetzt; heute dient sie als evangelisches Gotteshaus.

Am eindrucksvollsten präsentiert sich die Kirche von ihrer Schauseite im Westen. Über der Fassade aus rauem Bruchstein schießen zwei achteckige Türme auf, zwischen die ein Glockenhaus mit offenen Maßwerkfenstern eingepasst ist. Einmal täglich ertönt von hier

Thomas Becket – Erzbischof und Märtyrer von Canterbury

Der aus einer normannischen Kaufmannsfamilie stammende Kirchenmann hatte unter Heinrich II. von England eine brillante Karriere hingelegt - als Lordkanzler (seit 1155) war er neben dem König der einflussreichste Mann im englischen Reich. Becket war außerdem der vertrauteste Freund des Königs. Wie Heinrich liebte er den Luxus und war skrupellos, wenn es um die Belange des Reiches ging. Auf der Höhe seiner Macht (1162) übertrug ihm der König auch noch das höchste geistliche Amt in England - die Erzbischofswürde von Canterbury. Mit ihr aber veränderte sich der ehrgeizige Politiker, sein Lebensstil wurde karg und asketisch. Becket gab sein Kanzleramt ab und vertrat die Interessen der Kirche ebenso hart wie vorher die des Königs. 1164 kam es zum endgültigen Bruch, und Becket floh nach unzähligen Prozessen

ein so gewaltiges Glockengeläut (Mo-Fr 17, Sa 12, So 10 Uhr), dass die alten Mauern erzittern. Über den Seiteneingang gelangt man vom Burgplatz ins nördliche Seitenschiff, das durch spiralförmig gedrehte Pfeiler gegliedert ist. Die gegenläufig »geschraubten« Säulen sorgen für ein Gefühl von Richtungslosigkeit und Beschwingtheit. An der Stirnwand des Seitenschiffs hängt am Kruzifix ein überlebensgroßer Christus: Haupt und Glieder sind starr, deutlich treten seine expressiven, schmerzerfüllten Gesichtszüge hervor. Die Figur ist in ein Gewand gehüllt, auf dessen Gürtel geschrieben steht: »Imervard me fecit« (Imervard hat mich gemacht) – selbstbewusst hat der Künstler das um 1173 geschaffene Meisterwerk signiert. Geht man zum Mittelschiff vor, fällt der Blick auf einen gewaltigen Bronzeleuchter. Aus vier kauernden Löwen »wächst« ein kerzengerader Stamm, dessen sieben Äste in geöffnete Blüten münden. Die Vierung über dem Leuchter ist mit herrlichen gotischen Wandmalereien geschmückt, die bei Renovierungsarbeiten freigelegt wurden. Sie stammen aus dem Jahr 1230 und zeigen das himmlische Jerusalem, Szenen aus dem Alten und Neuen Testament sowie Darstellungen aus dem Leben und der Ermordung des hl. Thomas von Canterbury (Thomas Becket), der seit 1227 der Schutzpatron des Doms ist. Das symbolische Grabmal von Heinrich dem Löwen und seiner Gemahlin Mathilde befindet sich in der Mitte des Doms am Fuße des siebenarmigen Leuchters. Das Herrscherpaar wurde lebensgroß in Muschelkalkstein gemei-

➢ Oben:
Das Immervard-Kreuz

und Geldstrafen nach Frankreich. Als sich 1170 ein Ende des Streites anbahnte, kehrte er nach Canterbury zurück. Hier passierte das Unvermeidliche – vor dem Altar wurde Becket von vier Edelleuten des Königs hinterrücks ermordet. Ob Heinrich den Auftrag dazu erteilt hatte, konnte ihm nie nachgewiesen werden.
Schon bald nach dem Tode des Märtyrers, der bereits 1173 heilig gesprochen wurde, etablierte sich ein reger Kult. Canterbury wurde zum wichtigsten Wallfahrtsort im mittelalterlichen England. Im Jahr von Beckets Heiligsprechung begannen die Bauarbeiten am Braunschweiger Dom, und angesichts des englischen Einflusses am Welfenhof nimmt es nicht Wunder, dass der damals überaus populäre Heilige 1227 schließlich zum Patron des Braunschweiger Doms gewählt wurde.

ßelt, Mäntel mit reichem Faltenwurf bedecken ihre Gestalt. Zum Zeichen seiner Macht trägt der Herzog ein Schwert, ein originalgetreues Kirchenmodell weist ihn als Domstifter aus. Die sterblichen Überreste des Paars befinden sich in einer Gruft der Krypta, die in den Jarhen 1935–38 neu gestaltet wurde und über das Nordquerhaus erreichbar ist. Die Nationalsozialisten erklärten den Dom zur »nationalen Weihestätte« und nahmen den Herzog für ihre politischen Zwecke in Dienst: Heinrich der Löwe wurde Leitbild für den »deutschen Drang nach Osten«; propagandistisch aufbereitete Wandmalereien mit Titeln wie »Grenzschutz gen Osten« oder »Zug der Soldaten nach Osten« stimmten die Besucher auf den kommenden Krieg gegen Polen ein.

▶ Dom St. Blasii, Burgplatz, tgl. 10–17 Uhr; kath. Gottesdienst Mo–Fr 17 Uhr, ev. Gottesdienst So 10 Uhr.

Die Westseite des Burgplatzes nimmt der klassizistische Vieweg-Palast ein, den sich der reiche Verleger Friedrich Vieweg in den Jahren 1802–05 erbauen ließ. Seit 1989 beherbergt er das **Braunschweigische Landesmuseum (4)**, in dem über 1000 Jahre Landesgeschichte attraktiv aufbereitet sind. Die Sammlung reicht von Dokumenten zur Stadtgründung bis zum Fall der Mauer, von der Kopie des Braunschweiger Löwen bis zum VW-Käfer aus dem nahen Wolfsburg.

➤ Oben:
Innenansicht St. Blasii

➤ Unten: Die Grabtumba Heinrichs des Löwen und seiner Gemahlin Mathilde

▶ Braunschweigisches Landesmuseum, Burgplatz 1, www.landesmuseum-bs.de, Di–So 10–17 Uhr (Do bis 20 Uhr)

Die Nordseite des Burgplatzes wird von zwei **Fachwerkhäusern** abgeschlossen, in denen die Handwerkskammer ihren Sitz hat. Das linke der beiden, das Veltheimische Haus, ist mit seinem mehrgeschossigen, weit vorragenden Erker ein typischer Adelshof, während das benachbarte Huneborstelsche Haus mit seinen niedrigen Speichergeschossen und der Winde am Dach einem Kaufmann gehörte. Einer Inschrift am Hauptportal ist zu entnehmen, dass »Friedrich Huneborstels Haus im Sacke erbaut anno 1536 auf Geheiß der Stadtbehoerden aus dem Abbruch hier wieder erstanden (ist) anno 1902«. Die Fassade ist fantastisch geschmückt. Die dreieckigen Fußbänder und Knaggen zeigen ein buntes Potpourri, das von Tierkreiszeichen über Narren und Bettler bis zu drastischen Darstellungen der fünf Sinne und wörtlichen Übersetzungen bekannter Sinnsprüche (z.B. »seine Schäfchen ins Trockene bringen«) reicht. Eingewoben sind Drachen, Fabelwesen und verschlungene Pflanzenornamente. Sollte eines der beiden Portale geöffnet sein, lohnt sich ein Blick in den Innenhof, wo in einem weiteren schönen Fachwerkhaus das Lehrlingsheim der Handwerkskammer untergebracht ist.

Löwen überall

Der Löwe steht auf dem Burgplatz und am Rathausportal, an der Liberei nahe dem Neustadtmarkt und am Hieronymus-Haus (Damm 4). Mit etwas Fantasie kann man die Kratzspuren des Tieres, das sich Heinrich gehalten haben soll, auch an der Seitenschiffstür des Doms entdecken. Es gibt eine Löwengasse, einen Löwenwall, und natürlich darf auch ein Gasthaus zum Löwen nicht fehlen. An vie-

len Gebäuden entdeckt man Löwenfriese und -skulpturen, so in der Hutfilterngasse am Haus zum Leuenturm, dem »Löwenturm«. Der Name erinnert daran, dass sich der Rat in einem hier errichteten Tor einen lebendigen Löwen hielt. Freilich wollte der »König der Tiere« als Maskottchen nicht taugen: Im gar zu engen Turm ging er binnen weniger Wochen zugrunde. Nachdem der Rat ein Dutzend weiterer Löwen verschlissen hatte, wurde der makabere »Werbegag« eingestellt.

Als vor Zeiten Herzog Heinrich, der edle Welf, das Meer auf der Suche nach Abenteuern befuhr, war ihm das Glück nicht hold. Sein Schiff kam in einen heftigen Sturm, und lange Tage und Nächte irrte die Besatzung umher, ohne Land zu finden. Als der Proviant ausging, und sie der Hunger immer schlimmer quälte, beschlossen sie in ihrer Not, Lose zu ziehen – wen das Schicksal traf, der sollte mit seinem Fleisch den anderen als Nahrung dienen. Einer nach dem anderen ließ sich für den geliebten Herrn und die Gefährten schlachten, allein das Schicksal schonte den Herzog. Als nur noch ein Knecht übrig war, nähte dieser in seiner Verzweiflung den Herzog samt Schwert in die Haut eines Ochsen, den sie in besseren Zeiten verspeist hatten. Es dauerte nicht lange bis der Vogel Greif geflogen kam und den ledernen Sack in seinen Klauen über das weite Meer bis in sein Nest brachte. Als der Vogel auf einen neuen Fang davonflog, fasste Herzog Heinrich sein Schwert und befreite sich aus dem Sack. Er erschlug die jungen Greifen, die den Menschen gierig anfielen – und behielt zum Andenken eine Greifenklaue.

Hinabgestiegen von dem hohen Baum, befand sich der Tapfere in einem weiten wilden Wald. Als er schon eine Weile gewandert war, sah Heinrich einen fürchterlichen Lindwurm gegen einen Löwen streiten. Der edle Löwe war in großer Not und konnte dem bösen giftigen Wurm nicht mehr lange trotzen – da zögerte Herzog Heinrich nicht lange, sondern kam dem Löwen zu Hilfe. Nachdem er den Lindwurm in einem langen, schrecklichen Kampf bezwungen hatte, legte sich der Löwe zu Füßen des Helden und verließ ihn nimmermehr.

Die beiden zogen nun gemeinsam durch den Wald, und das treue Tier versorgte den Herzog mit allerlei Wildbret. Nach einiger Zeit beschloss Heinrich aber, die Einöde und den Löwen zu verlassen. Er baute sich ein Floß, während der Löwe einmal wieder zum Jagen gegangen war und fuhr auf das Meer hinaus. Als der Löwe aus dem Wald zurückkehrte, erblickte er das Floß in weiter Ferne. Er sprang in die Wogen und schwamm so lange, bis er den Herzog eingeholt hatte, zu dessen Füßen er sich ruhig niederlegte. Nach einiger Zeit überkam sie Hunger und Elend, der Herzog betete und wachte, hatte

Tag und Nacht keine Ruh – da erschien ihm der Teufel, der ihm berichtete, dass sich seine Gemahlin zu Braunschweig neu vermählen würde, denn seit seiner Abfahrt seien sieben Jahre vergangen.

Den Herzog überfiel sogleich tiefe Trauer, und er betete abermals zu Gott. Selbst als ihm der Teufel versprach, ihn gegen seine Seele noch am gleichen Tage nach Braunschweig zu bringen, wollte Heinrich mit Gott nicht brechen. Da schlug ihm der Teufel vor, er würde ihn ohne Schaden noch vor dem Abend auf den Giersberg vor Braunschweig bringen, Heinrich dürfe nur nicht einschlafen, bis der Teufel auch mit dem Löwen zurückgekehrt wäre – sonst sei er ihm und seinem Reiche verfallen.

So geschah es. Doch als ihn der Teufel auf dem Giersberg abgesetzt hatte und sich abermals auf den Weg machte, um den Löwen zu holen, wurde der Herzog vom Schlaf übermannt. Schon in der Luft freute sich der Teufel, der mit dem treuen Tier zurückkehrte, als er den Herzog in Müdigkeit versenkt auf dem Giersberge ruhen sah. Der Löwe aber, der seinen Herrn für tot hielt, begann laut zu brüllen, so dass Heinrich noch in demselben Augenblick erwachte. Der Teufel hatte verloren und bereute zu spät, das treue Tier herbeigeholt zu haben: Er warf den Löwen aus der Luft zu Boden, dass es krachte.

Die beiden aber machten sich sogleich auf den Weg nach Braunschweig, denn es wurde Nacht. Als sie zur Burg kamen, konnten sie schon die Musik der Spielleute hören – doch der Eintritt wurde ihnen verwehrt. Der Herzog bat den Diener um einen Becher Wein von der Braut, was die Gastgeberin gerne erfüllte. Heinrich nahm seinen goldenen Ring vom Finger, warf ihn in den Becher und ließ ihn zur Herzogin zurücktragen. Diese erkannte den Ring und kam zu ihm geeilt – sie bot ihm ihre weiße Hand und hieß ihn willkommen. Im ganzen Saal war eine große Freude, und Herzog Heinrich setzte sich zu seiner Gemahlin an den Tisch. Dem jungen Bräutigam aber wurde ein schönes Fräulein aus Franken angetraut. Herzog Heinrich regierte noch lange und glücklich in seinem Reich, und als er in hohem Alter verstarb, legte sich der Löwe auf des Herrn Grab und wich nicht davon, bis auch er verschied. Das Tier liegt auf der Burg begraben, und seiner Treue zu Ehren wurde ihm eine Säule errichtet.

Frei nach den
Brüdern Grimm

Friedrich Hülleborstels Haus · im Sacke
erbaut A° 1536 · auf Geheiß der Ratsbehörden
aus dem Abbruch hier wieder erstanden A° 1902

HANDWERKSKAMMER

30

Die Lücke zwischen dem Huneborstelschen Haus und der Burg wurde 1896 mit dem »Deutschen Haus« geschlossen, einem Hotel in historisierendem Stil. In den 30er-Jahren wurde es durch einen Arkadengang mit der Burg verbunden: Die NS-Führung legte Wert darauf, für ihre im Rittersaal zelebrierten Feste rasch und unauffällig mit Speis und Trank versorgt zu werden.

Durch einen Arkadengang gelangt man auf einen weitläufigen Platz, den »Langen Hof«. Links wird er vom monumentalen Neorenaissance-Bau des ehemaligen Herzoglichen Staatsministeriums gesäumt. Rechts ragt das **Rathaus (5)** auf, das 1895 der damalige Stadtbaurat Ludwig Winter im Stil der Hochgotik entwarf. Sein 61 m hoher Turm fügt sich gut ins Ensemble des Burgplatzes ein. Er kann bestiegen werden und bietet einen hervorragenden Blick über das alte Braunschweig. Aufmerksamen Besuchern wird das Bronzerelief an der Ecke des Turms nicht entgehen, das einen Schelm mit Eule und Spiegel zeigt. »Hic fuit« (Er war hier) steht darunter geschrieben: gemeint ist Till Eulenspiegel, der im mittelalterlichen Braunschweig die Welt auf den Kopf stellte. Sein Porträt findet man am linken Türgriff des großen Rathausportals, wo er in Gesellschaft wei-

terer Braunschweiger Kuriosa wie der »Harfen-Agnes«, dem »Rechen-August« und einer »Meerkatze« abgebildet ist.

Rathaus, Langer Hof, Mo–Fr 9–15 Uhr; zur Turmbesteigung bitte beim Pförtner melden

Braunschweig

➢ Oben:
Fachwerk am Huneborstelschen Haus

➢ Unten:
Blick auf St. Blasii (links) und den Rathausturm

➢ Links: Der Eingang des Huneborstelschen Hauses

➢ Folgende Doppelseite:
Das Altstadtrathaus

Kohlmarkt und Altstadtmarkt

In der verkehrsberuhigten Altstadt westlich des Burgplatzes spielt sich ein großer Teil des städtischen Alltags ab. Die krummen, tausendjährigen Gassen bieten unzählige Läden, Cafés und Restaurants, von früh bis spät tummeln sich hier Einheimische und Besucher.

Alle Wege führen über den alten **Kohlmarkt**, auf dem Märkte, Weinfeste und Kleinkunsttage stattfinden. Nichts mehr deutet freilich auf die einstige Bedeutung des Ortes: Schon vor 1000 Jahren wurde hier aufgrund des nahen Okerbruchs mit Stein- und Holz-

➤ Die »Katzentreppen«

kohle gehandelt. In jener Zeit entstand auch die St. Ulrici-Kirche, die aber 1544 in einem Akt der Rebellion gegen den katholischen Landesherrn abgerissen wurde. Die heutigen Gebäude spiegeln die Baugeschichte vom 16. bis 20. Jahrhundert wider. Das Haus zur Rose (Nr. 1) ist von einem Schaugiebel von 1590 gekrönt, in schmuckem Barock präsentiert sich das Haus zur Sonne (Nr. 18/19). An der Ecke zum Ziegenmarkt läutet das **Haus zum Glockenspiel** dreimal täglich ein kurioses Schauspiel ein: Um 12, 15 und 18 Uhr drehen sich zu hellen Glockentönen bunt bemalte Holzfiguren. Auch der illustre Till Eulenspiegel ist dabei. Er hält dem Betrachter einen Spiegel vor und schüttelt den Kopf – er mag nicht glauben, dass die Menschen noch immer so dumm sind wie früher...

Über die östlich abzweigende Hutfilterngasse, dem früheren Bezirk der Hutmacher, gelangt man zum Eingang der Burgpassage, wo auf zwei Etagen Dutzende von Geschäften versammelt sind. Etwas weiter splittet sich Hutfiltern in die Gassen Damm und Kattreppeln auf. Letztere hat der Braunschweiger Künstler Siegfried Neuenhausen als **Katzentreppen** gedeutet und in einer Skulptur Dutzende sich auf einem Giebel balgender Katzen dargestellt. Die Tierchen stoßen einander in die Tiefe, strecken alle Viere von sich und schnappen noch im Fall nach dem Schwanz des Gegenübers.

Die westlich verlaufende Poststraße verbindet den Kohl- mit dem **Altstadtmarkt**. Dieser ist das bürgerliche Gegenstück zum herzoglichen Burgplatz und diesem – mit Rathaus, St. Martini-Kirche, Gewandhaus und Marienbrunnen – durchaus ebenbürtig. Kommt man mittwochs und samstags hierher, wenn rund um den Brunnen Wochenmärkte stattfinden, erlebt man den Platz bunt und vital – und man kann sich ausmalen, welches Treiben im Mittelalter geherrscht hat, als hier die Kaufleute ihre kostbaren Stoffe und exotischen Gewürze feilboten.

Die lang gestreckte Fassade am Altstadtmarkt gehört zum **Gewandhaus (6)**, heute Sitz der Braunschweiger Industrie- und Handelskammer. Die Tuchmacher und Gewandschneider haben es sich im 13. Jahrhundert erbauen lassen. Sie stapelten im Haus ihre Waren, versammelten sich zu Sitzungen und feierten rauschende Feste. Nach den Zerstörungen im Zweiten Weltkrieg wurde es neu errichtet, wobei Gebäudeteile aus anderen Vierteln der Stadt geschickt integriert wurden. So stammt das bunte Renaissance-Portal vom Hagenmarkt und die schmucke Fassade von einem Zollhaus aus Rüningen. Treppen führen hinab ins Untergeschoss, wo seit Jahrhunderten gezecht und getafelt wird; heute sind es der »Gewandhauskeller« und »Stechinelli«, die zum Besuch einladen.

An seiner östlichen, dem Kohlmarkt zugewandten Seite präsentiert sich das Gewandhaus mit der »schönsten Renaissance-Fassade Norddeutschlands«. 1590 wurden acht Geschosse hochgezogen und mit Bauplastik üppig verziert. Die nach oben sich verjüngenden Rundfenster, die Säulen und ein von einer Allegorie der Gerechtigkeit gekrönter Giebel – sie alle betonen die Vertikale: ein Haus, das zum Himmel strebt!

➤ Das Gewandhaus mit seinem reich verzierten Giebel

Reiche Tuchhändler stifteten auch den **Marienbrunnen (7)** in der Mitte des Platzes. Er wurde aus 10.000 kg Blei gegossen und war das damals größte Bronzewerk in ganz Deutschland. Ganz oben sitzt Maria mit dem Jesuskind unter einem Baldachin. Ihr zu Füßen sieht man drei nach unten sich erweiternde Becken; sie sind mit Drachen und Löwen verziert, aus deren Mäulern Wasser rinnt. Eine Inschrift am untersten Becken besagt, dass der Brunnen »anno 1408 in der Nacht auf Kathrin gegossen« wurde. Die hl. Katharina, Schutzpatronin der Tuchmacher, ist unter ihrem Namenszug abgebildet: Breitbeinig sitzt sie auf einer Bank, ist in ein wallendes Gewand gehüllt und trägt Rad und Schwert, die Insignien ihrer Macht.

Hatte ein Kunde Stoff erworben, konnte er an der »eisernen Elle« am **Altstadtrathaus (8)** prüfen, ob beim Maßnehmen alles mit rechten Dingen zugegangen war. Die Elle befindet sich am zweiten Pfeiler von links und gibt als Einheit krumme 57,07 Zentimeter an. War ein Käufer betuppt worden, machte man dem Händler kurzen Prozess: Der Schnellrichter saß in der Stube nebenan, Folterkammer und Gefängnis befanden sich im Kellergewölbe. Zu diesem Szenario passen die Wasserspeier an der Fassade; mit ihren furchteinflößenden Fratzen muten sie wie Gestalten der Unterwelt an.

Schon für das Jahr 1253 ist ein Rathaus an just dieser Stelle verbürgt, doch erst Mitte des 15. Jahrhunderts, als die Altstadt zum Dreh- und Angelpunkt Braunschweigs aufrückte, erhielt es seine heutige Fassade. Die zweigeschossigen Arkaden sind von Maßgiebeln gekrönt; an jedem Strebepfeiler stehen große, vergoldete Figuren. Dargestellt sind sächsische Kaiser, welfische Fürsten und Fürstinnen, u.a. Herzog Heinrich der Löwe, König Heinrich I. und Kaiser Otto der Große.

Heute werden im Rathaus wechselnde Ausstellungen zur Geschichte Braunschweigs gezeigt. Zum festen Inventar gehört das im Eingangsfoyer ausgestellte große Stadtmodell, das detailgetreu wiedergibt, wie Braunschweig 1671 aussah, als es seine Selbstständigkeit verlor. Die Ausstellung zur »Geschichte der Stadt Braunschweig« im Keller ist in vier Abteilungen gegliedert. Die »Stadtwerdung« veranschaulicht, wie sich die einzelnen Stadtteile vom 9. Jahrhundert bis zu der Epoche Heinrichs des Löwen entwickelten. »Die Bürger- und Hansestadt« (1227-1671) führt in Braunschweigs Blütezeit ein, als es Mitglied der Hanse war und seine Selbstständigkeit mit Erfolg wahrte. Die Abteilung »Residenzstadt« (1671-1830) zeichnet die Inbesitznahme durch den Herzog und die französische Besatzung nach, »die Industriestadt« (ab 1830) erläutert die Herausbildung einer starken Ar-

➤ Rechts:
Der Marienbrunnen auf dem Altstadtmarkt

➤ Detailansicht des Altstadtrathauses

Die Baumeister waren deutlich bemüht, das Rathaus der gegenüberliegenden **St. Martini-Kirche (9)** anzupassen. Die gotischen Maßgiebel sind fast gleich hoch angesetzt, so dass man den Eindruck hat, Rathaus und Kirche bildeten eine architektonische Einheit: luftig und filigran, exaltiert nach oben strebend. Doch von der Westseite, wo sich auch das Hauptportal befindet, wirkt die Kirche ganz anders: Auf einem massiven Unterbau thronen zwei wuchtige achteckige Türme – hier erscheint die Kirche als Duplikat von St. Blasii auf dem Burgplatz. Tatsächlich wurde die Kirche zeitgleich zum Dom erbaut, ist nach ihm die größte und älteste Kirche Braunschweigs. Sie entstand in den Formen der Romanik (1190/95), wurde aber schon ab 1250 in eine gotische Hallenkirche verwandelt. Aus der späteren Bauphase stammen herrliche Reliefs: Während an der Nordfassade über dem »Brautportal« Marias Tod dargestellt ist, zeigt die Südfassade die Jungfrau »mitten im Leben«, umringt von Aposteln und den Heiligen Drei Königen. Im Innern der hellen Kirche lohnt ein Blick auf die 1620 in Alabaster gemeißelte Kanzel. Getragen wird sie vom berittenen hl. Martin, der mit einem Schwert seinen Mantel zerschneidet, um ihn mit dem zu seinen Füßen kauernden Bettler zu teilen. Die Szene ist realistisch gestaltet: Mit verstümmelten Gliedern streckt sich der Bettler dem Barmherzigen entgegen, um das unverhoffte Ge-

beiterbewegung sowie die Veränderungen nach dem Ersten und Zweiten Weltkrieg.

Bevor man das Rathaus verlässt, lohnt ein Blick ins Obergeschoss, wo sich die Dornse, ein weiterer städtischer Festsaal, befindet. Über Natursteinwänden spannt sich eine bemalte Holzbalkendecke, von der schwere Leuchter herabhängen. Durch ein Portal tritt man auf die Arkaden und genießt – wie einst die Ratsherren – den Blick auf den herrschaftlichen Platz.

▸ Altstadtrathaus, Altstadtmarkt, Di–So 10–17 Uhr (Do bis 20 Uhr), Eintritt frei

schenk in Empfang zu nehmen. Ein weiteres Meisterwerk der Bildhauerei entdeckt man in der an das südliche Seitenschiff 1434 angebauten Annenkapelle: Hinter einem barocken Gitter befindet sich ein Taufbecken mit Reliefs, die in sieben bewegten Szenen das Leben Christi schildern. Es stammt von Barthold Sprangken, einem mittelalterlichen Virtuosen der Erzgießerei.

▶ St. Martini-Kirche, Altstadtmarkt, Di–Fr 10–13, 15–17, Sa 10–13, So nach dem Gottesdienst bis 12 und 14.30–16.30 Uhr

Recht still sind die Straßen südlich des Altstadtmarkts. Über den Eiermarkt gelangt man zur Alten Knochenhauerstraße, in der im Mittelalter die Schlachter und Metzger wohnten. Drei zusammenhängende Fachwerkhäuser vermitteln einen Eindruck davon, wie einst die gesamte Stadt aussah. Am auffälligsten ist das 1489 erbaute **Haus Zum Ritter Georg** (Nr. 13), in dem das gleichnamige Hotel untergebracht ist. Es ist nicht nur ungewöhnlich groß, sondern auch reich mit Knaggenfiguren verziert: eine zeigt den hl. Georg, beim tödlichen Schlag gegen den Drachen, eine andere den hl. Christopherus mit Christuskind. Darüber prangt das derbe Gesicht eines Dämons: Zwei Finger hält er sich in den Mund, um ein erzwungenes Lachen zur Schau zu stellen – weit hängt die Zunge aus dem aufgerissenen Schlund. Als »Abwehrfratze« hatte das Gesicht die Aufgabe, Neider des wohlhabenden Hausbesitzers zu verprellen.

Ganz anders präsentiert sich die gegenüberliegende Straßenseite. Eine in die Wand eines Kriegsbunkers eingelassene Platte erinnert an die Synagoge, die in der Reichspogromnacht von SS-Männern zerstört und 1940 abgerissen wurde.

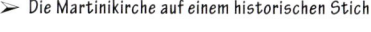
➢ Die Martinikirche auf einem historischen Stich

39

Eulen und Meerkatzen

Eines Tages bat der Bäckermeister seinen Lehrling Till, allein in der Backstube zu werkeln. Dieser fragte ihn einfältig: »Mester, wat schall ik denn baken«, worauf er die mürrische Antwort erhielt: »Ulen und Meerkatzen!«. Der Schelm nahm's wörtlich und buk Hunderte dieser kleinen Tiere. Prompt verlor er seinen Job und musste obendrein für Brotteig und Brennholz aufkommen. Doch Till ließ sich dadurch die gute Laune nicht verderben: Er pries seine phantasievollen Tierchen auf dem Altstadtmarkt an – und siehe da – er konnte sie alle mit großem Gewinn verkaufen.

Gedacht wird auch der »Juden, die sich hier einst versammelten und in den Jahren 1933-1945 ermordet, verschleppt, gedemütigt und ihrer Menschenwürde beraubt wurden«. Nebenan befindet sich das 1983 wieder eröffnete Jüdische Gemeindehaus mit einem kleinen Betsaal.

Auch nördlich des Altstadtmarkts haben sich einige mittelalterliche »Unikate« erhalten, so die **St. Ulrici-Brüdernkirche (10)**, die sich 1223 die nach Braunschweig gekommenen Franziskaner erbauen ließen. Ganz im Stile des Bettelordens ist die Kirche schlicht und besitzt keinen Turm. Ein Taufbecken des Meisters Barthold Sprangken, das aus der abgebrochenen St. Ulrici-Kirche vom Kohlmarkt stammt, ist von einem schmiedeeisernen Gitter eingefasst und zeigt Szenen aus Christi Leidensweg, Kreuzigung und Tod.

❯ St. Ulrici-Brüdernkirche, Schützenstr./Hinter den Brüdern, tgl. 17.30–18, Sa 10–12 Uhr

In wenigen Minuten gelangt man zur nordwestlich gelegenen **St. Petri-Kirche (11)**, der dritten großen Pfarrkirche der Altstadt. Auch sie wurde um 1190 errichtet, doch ist nach vielen Bränden vom Originalbau kaum noch etwas erhalten. Auch der weithin sichtbare Wetterhahn auf dem Turm ist neueren Datums – geschaffen hat ihn Bodo Kampmann, ein Professor der Kunsthochschule. Mit 3 m Größe und 400 kg Gewicht ist der Hahn freilich zu mächtig, um sich nach dem Wind drehen zu können, weshalb er von den Braunschweigern spöttisch »Wohlstandsvogel« genannt wird.

❯ St. Petri-Kirche, An der Petrikirche, Mo–Fr 15.30–17.30, Sa 10.30–12.30 Uhr

Am Bäckerklint, einer Erhebung am Altstadtrand, wo früher die Brotöfen standen, entdeckt man den 1905 von einem jüdischen Kaufmann gestifteten **Till Eulenspiegel-Brunnen (12)**. Der Schelm präsentiert sich lachend mit geöffnetem Hemd, übereinander geschlagenen Beinen und wippendem Pan-

➤ Mit dem Brunnen setzte man Till Eulenspiegel ein Denkmal –
gemeinsam mit den Eulen und Meerkatzen

toffel – eine Figur, die der Ordnung und Disziplin Hohn spottet. Rings um den Schelm sind Eulen und Meerkatzen versammelt.

Dass der Brunnen den Nationalsozialisten missfiel, mag nicht erstaunen, wollte Till doch kein braver Bürger und erst recht kein deutscher Volksgenosse sein. Als einzige Skulptur blieb er im Zweiten Weltkrieg ungeschützt und hat doch »überlebt«: Als ringsum alles in Schutt und Asche lag, lachte Till unverdrossen weiter.

Karnevalshochburg

Zu Fastnacht wird Till zusammen mit einem Bauern und einem Prinzen ins Rathaus geladen. Die drei dürfen das Regierungsgeschäft übernehmen, solange in der Stadt der Ausnahmezustand herrscht. Zum Auftakt lassen sie einen Zug von 200 Prunkwagen durch die Innenstadt ziehen – Tausende Narren, die von donnernden Musikkapellen begleitet werden. Die ganze Stadt ist auf den Beinen, um ihnen zuzujubeln und die in die Menge geworfenen Bonbons aufzuschnappen. Danach ist Party angesagt, bis spät in die Nacht wird in der Stadthalle gefeiert und geschwoft. Am Rosenmontag folgt Hanse-Samba mit einem Dutzend Gruppen auf den schönsten Plätzen der Stadt, bevor am Abend die Kneipen-Fiestas steigen. Am Aschermittwoch schließlich ist alles vorbei: Till wird zum Abdanken gezwungen und die Braunschweiger dürfen – für ein Jahr wenigstens – nicht mehr verrückt spielen.

Neustadt und Hagenmarkt

Vom Radeklint, einer weiteren Erhebung am Rande des alten Braunschweig (*Klint* = hohes Ufer), spannt sich die viel befahrene Lange Straße ostwärts. Knapp südlich von ihr verläuft die Grenze zur **Neustadt**, die »neu« freilich nur im Vergleich zu Altewiek und zur Altstadt ist. Gegründet wurde sie bereits gegen Ende des 12. Jahrhunderts vermutlich noch unter Heinrich dem Löwen. Ostwärts reicht sie bis zur Hagenbrücke, die sich einst über einen Okerarm spannte, im Norden wird sie vom Umflutungsgraben begrenzt. Als einziges mittelalterliches Viertel wurde die Neustadt planmäßig angelegt: grob parallel verlaufende Straßen sind rechtwinklig von Längsachsen durchschnitten. Namen wie »Wollmarkt« und »Weberstraße« erinnern daran, dass es vor allem Handwerker waren, die hier lebten. Ein geschlossenes mittelalterliches Ortsbild sucht man allerdings in der Neustadt vergebens. Das im Zweiten Weltkrieg stark beschädigte Viertel wurde nicht als »Traditionsinsel« wieder errichtet, so dass Altes und Neues übergangslos nebeneinander stehen.

Zum »Inventar« der Neustadt gehört die 1225–30 erbaute **St. Andreas-Kirche (13)**. Sie entstand als Duplikat des Doms mit Doppelturmfassade und einem dazwischen gespannten Glockenhaus. Doch je reicher die Neustädter wurden, desto mehr emanzipierten sie sich vom herzoglichen Vorbild, vergrößerten und verschönten das Gotteshaus. Ihre Krönung erhielt die Kirche 1532, als ein ehrgeiziger Braunschweiger Baumeister dem Südturm eine Haube aufsetzte, die so hoch war, dass sie fast an die Wolken rührte. Mit 133 Metern schuf er den dritthöchsten Kirchturm der Welt – nur in Wien und Strassburg wollte man noch höher hinaus. Von weither konnte man nun die Kirche der Neustadt sehen – ein Sinnbild bürgerlicher Macht, das den vertriebenen Herzog herausfordern und alle übrigen Braunschweiger Kirchen in den Schatten stellen sollte.

Der »kleine Bruder« des Turms musste sich mit knapp 100 m Höhe begnügen. Denn als sein Ausbau anstand, war die Reformation, die jede zur Schau gestellte Gigantomanie als katholische Verirrung abtat, schon weit vorangeschritten. Bis heute hält man es hier mit dem Kult der Askese. Das Innere präsentiert sich schmucklos und streng, nichts lenkt ab von der eindrucksvollen architektonischen Konstruktion. Die drei hohen Schiffe sind durch schlanke Pfeiler gegliedert,

➤ Links:
Die zwei Türme der St. Andreas-Kirche **43**

auf denen gewaltige Kreuzrippen-gewölbe ruhen. Die wenigen Skulpturen der Kirche sind modern und stammen vom Braunschweiger Bildhauer Jürgen Weber. Sie zeigen die »Kreuzigung des hl. Andreas«, am Predigtpult den »Brennenden Dornbusch« und am Taufbecken das »Lebendige Wasser«.

❥ St. Andreas-Kirche, Wollmarkt, Mo, Mi, Fr 9–12, 14–16, Di und Do 14–16, Sa 10–14 Uhr

An die Westseite der Kirche lehnt sich das ziegelrote Fachwerkhaus der **Alten Waage (14)**. Von 1534 bis zur Machtübernahme durch die Herzöge 1671 wurden hier alle in die Neustadt eingeführten Waren sorgfältig registriert, gewogen und gemessen. War der fällige Zoll entrichtet, durften sie gelagert bzw. weiter transportiert werden. Nach ihrer vollständigen Zerstörung im Zweiten Weltkrieg ist die Alte Waage erst 1994 wieder erstanden. 360 m^3 Eichenholz waren nötig, um das Fachwerk aufzurichten, das nur durch Holzverbindungen – ohne einen einzigen Eisennagel – zusammengehalten wird. Außer dem Fachwerk wurde auch der Bauschmuck originalgetreu nachgebildet. So sieht man an den Schwellbalken der Südfassade bunt bemalte Fabelwesen, derbe Nixen und verschlungene Pflanzenornamente.

Ein Kleinod mittelalterlicher Baukunst ist auch die **Liberei** südöstlich der Kirche. Der quadratische Backsteinbau mit Giebel und glasiertem Löwenfries stammt aus dem Jahr 1422 und beherbergte einst Braunschweigs erste öffentliche Bibliothek. Ihre Entstehung verdankte sie dem »Pfaffenkrieg«, bei dem sich Braunschweigs Bürgerschaft einmal mehr gegen die Geistlichkeit durchsetzte. So ertrotzten die reichen Kaufleute vom Papst das Privileg, eigene, weltliche Lateinschulen einzurichten. Alle jungen Männer, die keine Pfarrerlaufbahn anstrebten, wurden in der Liberei unterrichtet und studierten hier kostbare, aus Angst vor Dieben angekettete Bücher. Heute tagt in dem Haus die Kirchengemeinde von St. Andreas, in einem kleinen Lapidarium werden die Steinfunde aus dem alten Braunschweig gezeigt.

❥ Liberei, Kröppelstraße, Di–Fr 9–15 Uhr (Lapidarium)

Südlich der Küchenstraße, der Verlängerung der Langen Straße, befindet sich das einstige politische Zentrum des Stadtteils. Das **Neustadtrathaus (15)** ist das zweite heute noch existierende Rathaus der Stadt. Von 1325 bis 1671 tagte hier die Bürgerschaft aller fünf Braunschweiger Teilstädte, die sich offiziell den Namen »Küchenrat« gab. Wie es heißt, wurden alle wichtigen Entscheidungen tief unten im Rathauskeller getroffen – bei edlen Tropfen und erlesenen Speisen. Nachdem die Herzöge 1671 das Zepter der Stadt an sich gerissen hatten, diente das Rathaus als Ar-

➢ Rechts: Im Zweiten Weltkrieg vollständig zerstört – heute strahlt die Alte Waage in neuem Glanz

chiv und Bibliothek, als Museum und Fortbildungsschule. Heute knüpft man an alte gastronomische Traditionen an: Bei Cellarius im Keller speist man betont nobel, im Erdgeschoss bieten Café und Bistro lockeres Ambiente in hellen, klassizistischen Räumen.

▶ Neustadtrathaus, Küchenstraße s/n, nur die Lokale sind öffentlich zugänglich

Über die Hagenbrücke gelangt man zum **Hagenmarkt**, dem Mittelpunkt des gleichnamigen Viertels. »Hagen« heißt im Mittelhochdeutschen »Einfriedung« bzw. »Einhegung«: Bereits 1160 hat Heinrich der Löwe das sumpfige Gebiet nördlich seiner Burg von flämischen Baumeistern entwässern und einhegen lassen, auf dass sich hier Tuchmacher und Wollweber ansiedeln konnten. Doch das Viertel war nicht nur eine große Werkstatt, sondern dank der ab hier schiffbaren Oker auch ein wichtiger Warenumschlagplatz. Hier gab es einen eigenen Marktplatz mit Rat- und Gewandhaus, eine mächtige Pfarrkirche und sogar einen Hafen.

An der Südseite des Platzes wurde um 1230 ein Rathaus erbaut. Wie alle übrigen Rathäuser wurde es überflüssig, als der Herzog die Macht in der Stadt übernahm. So wurde es zunächst in ein Opern- und Theaterhaus verwandelt, in dem 1772 Lessings »Emilia Galotti« und 1829 Goethes »Faust I« zur Uraufführung gelangten. Später, als ein neues Herzogliches Hoftheater nahe dem Schloss entstand, wurde es abgerissen. An der Stelle des Rathauses gibt es heute nur noch eine Steinplatte. Sie erinnert an einen Konflikt innerhalb des Hagener Rats, der 1604 blutig ausgefochten wurde. »Held« des Geschehens war der Handwerker Henning Brabandt, der als Beauftragter des Rats Verhandlungen mit dem Herzog führte. Doch den reichen Hagener Kaufleuten war er ein Dorn im Auge, hatte er doch öffentlich gefordert, der Bevölkerung ein größeres Mitspracherecht bei der Besetzung des Rats einzuräumen. Die Patrizier mochten ihre Macht nicht mit dem »gemeinen Plebs« teilen, weshalb sie sich des

➢ Die St. Katharinenkirche mit dem Standbild Heinrichs des Löwen

Mumme, Spargel & Co.

Von den vielen Biersorten, die einst in Braunschweig gebraut wurden, war die Mumme am berühmtesten: ein dunkles, zähflüssiges Gersten-bier von malzig-süßem Geschmack. In der »Wurstologia et Durstologia« von 1662 wurde das Bier dem Leser wärmstens empfohlen. Heute gibt's die Mumme nur noch in Apotheken und Reformhäusern, wo es als alkoholfreies Stärkungsmittel angeboten wird.

Zum Bier wird traditionell »Braunschweiger« gegessen: im Holzfeuer geräucherte, deftige Wurst. Eine weitere Spezialität ist Veltenhofer Spargel. Eingeführt wurde er zu Beginn des 18. Jahrhunderts von Ein-wanderern aus der Pfalz, die in Veltenhof die ersten Felder anlegten. Zur Spargelzeit von Mai bis Juni stapelt sich das edle Gemüse auf den Marktständen, und die Restaurants überbieten sich darin, allerlei Le-ckereien aufzutischen. Eine Braunschweiger Spezialität sind noch die nach Till Eulenspiegels Rezept gebackenen Eulen und Meerkatzen, die z.B. beim Wiener Bäcker (Schuhstr. 2) verkauft werden.

»Bürgerrechtlers« durch eine Intri-ge entledigten. Brabandt wurde der Kollaboration mit dem Herzog be-zichtigt, durch Folter »geständig« gemacht und alsdann auf dem Markt hingerichtet. – Auch viele der Hexerei beschuldigte Frauen wurden auf dem Platz getötet; 1663 fand die letzte Verbrennung statt. Opfer war die Witwe Anna Rolef-fes, deren Verbrechen darin be-stand, Heilkräuter zu verkaufen.

Inmitten des »Hagenwalds«, der wild wuchernden Grünfläche hin-ter dem abgerissenen Rathaus, wur-de 1883 der **Heinrichsbrunnen (16)** eingeweiht. Über mehreren Wasserbecken erhebt sich stolz Heinrich der Löwe. Er ist in ein wallendes Gewand gehüllt, trägt in der Rechten ein Schwert und in der Linken ein Modell der Hagener Pfarrkirche. In seiner Regierungszeit hatte er den Bau der benachbarten

St. Katharinen-Kirche (17) ange-regt. Wie bei allen Braunschweiger Kirchen war die erste Version vom herzoglichen Dom inspiriert. Doch mit wachsendem bürgerlichen Selbst-bewusstsein suchte man auch hier nach einem neuen, eigenen Aus-druck. So wurde auf das romani-sche Untergeschoss um 1250 ein gotisches Obergeschoss gesetzt, das im filigranen Glockenhaus zwi-schen den Türmen gipfelt. Drinnen wurde St. Katharinen zu einer Hal-lenkirche erweitert. Die bunten Glasfenster am Chor, die mit den rot bemalten Pfeilern harmonieren, schuf ab 1960 Hans Gottfried von Stockhausen aus Esslingen.

♦ St. Katharinen-Kirche, Hagen-markt, Di–Fr 9–13, 15–17, Sa 9–13 Uhr, Führung Do 15 Uhr

➢ Folgende Doppelseite: die Aegidienkirche **47**

Magniviertel & St. Aegidien

Zwischen den vielbefahrenen Straßen August und Bohlweg im Westen und dem Umflutungsgraben im Osten liegt das über tausendjährige Alteiwiek, die Keimzelle Braunschweigs. Damals befand sich hier ein kleiner Hafen, um den herum das Herrendorf entstand – der Wohnort der in der Burg beschäftigten Knechte und Mägde. Als die Kirche 1031 eingeweiht wurde, erwähnte man den Namen »Brunsguik«, der später auf die gesamte Stadt übertragen wurde, erstmals in einer Urkunde. Die Kirche, Mittelpunkt des Quartiers, gab später diesem seinen Namen. Heute spricht man kaum noch von Alteiwiek, dafür umso häufiger vom Magniviertel. Im Zweiten Weltkrieg nur teilweise zerstört, erlebt man hier Braunschweig von seiner schönsten Seite: Kopfsteingepflasterte Gassen sind von original erhaltenen Fachwerkhäusern gesäumt – sie beherbergen kleine Läden und Cafés. Vielen gilt das Magniviertel als einzig wahre Altstadt, denn keine andere »Traditionsinsel« hat sich so viel mittelalterliches Flair bewahrt.

Im Zentrum eines großen, von Fachwerkhäusern gesäumten Platzes erhebt sich die bei Bombardierungen im Oktober 1944 schwer beschädigte **St. Magni-Kirche (18)**. Bei ihrem Wiederaufbau legte man großen Wert darauf, dass Zerstörung und Rekonstruktion sichtbar blieben. So blieb ein Turm »geköpft«, dazu wurde das Langhaus im Norden durch Fensterbahnen durchbrochen, auf der Südseite dagegen mit Bruchstein vermauert. »Der Rufer«, eine eindrucksvolle Skulptur am Giebel der Chorwand, erinnert an das von Menschen verursachte Leid. Und auch die vor der Kirche aufgestellte Wilhelm-Raabe-Tafel mahnt: »Hütet euch fürderhin, eure Hand zu bieten,

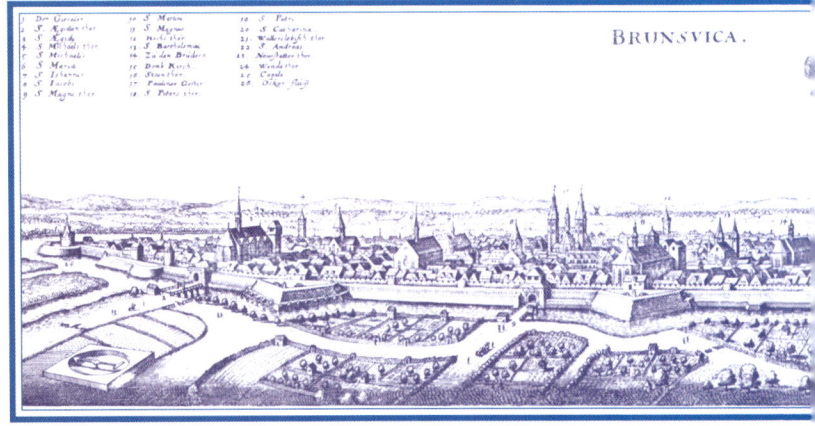

noch mehr der Ruinen zu machen«. Das Zitat ist Raabes Werk »Höxter und Corvey« entnommen, das der Braunschweiger Autor 1874 verfasst hat. Im Innern der Kirche wird man gleichfalls mit der Zerstörung des Krieges konfrontiert: Der Dachstuhl blieb offen, so dass die Schindeln durchschimmern; die Betonsprossen des neuen großen Fensters zeigen ihr modernes, industrielles Gesicht. Dargestellt ist der »Zug der Kinder Israels durch das Rote Meer«, sein Schöpfer ist Hans Gottfried von Stockhausen, der auch die Fenster der St. Katharinen-Kirche entworfen hat.

▶ St. Magni-Kirche, Ackerhof, tgl. 9–18 Uhr

Viele Gassen des Magniviertels, so die Herrendorftwete, laden zum Bummeln ein. Sie ist Braunschweigs schmalste Straße – ihre romantischen Innenhöfe kann man im Hotel Magnitor und am Gasthaus Friedrich (Eingang Am Magnitor 5) in Augenschein nehmen. Attraktiv sind auch die von

schönstem Fachwerk flankierte Ritterstraße und die Passage Am Magnitor.

In krassem Gegensatz zur mittelalterlichen Kirche und den kopfsteingepflasterten Gassen steht an der Georg-Eckert-Straße das 2002 eingeweihte **James-Rizzi-Haus (19)**. Die ineinander verschachtelten Gebäude sind in knalligen Farben (Pink, Rot und Blau) bemalt. Lachende Comic-Fratzen starren von der Fassade herab, wild durcheinander tanzen Blumen, Herzen und Sonnen. Die Stadt hat das Haus beim New Yorker Werbedesigner James Rizzi in Auftrag gegeben: Mit positivem Lebensgefühl und einem Ausdruck von Vitalität soll es Braunschweigs ehrwürdiges Image »aufmischen«. Doch was der Stadt als werbewirksames Aushängeschild erscheint, ist vielen Braunschweigern ein Dorn im Auge. Der Eingang zum traditionsreichen Magniviertel, argumentieren sie, dürfe

➢ Braunschweig aus Matthäus Merians »Topographia Germaniae«, 1654

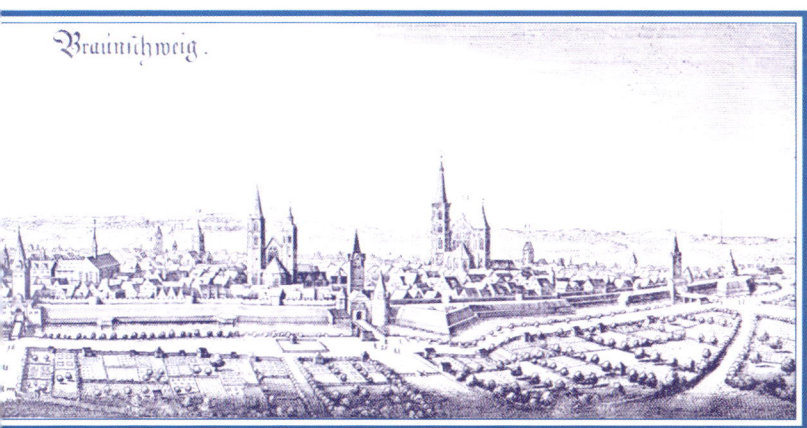

nicht durch derartigen Pop-Kitsch trivialisiert werden. Wie man zum Haus auch stehen mag, eines ist gewiss: Zu übersehen ist es nicht, noch der schläfrigste Passant wird bei seinem Anblick aus dem Tagtraum gerissen! Was sich zukünftig im Haus befinden soll, ist noch nicht entschieden. Vorläufig zieht eine Krankenkasse ein, doch ist geplant, schon bald ein James-Rizzi-Museum einzurichten. Es soll all die Dinge enthalten, die der Designer gestaltet hat: schreiend bunte Regenschirme und Krawatten, Rosenthal-Porzellan für die »fröhliche Familie«, einen Bademantel für Boxer Henry Maske, aber auch VW-Beetles und sogar das Modell einer Lufthansa Boeing 757.

Im Osten, an der entgegengesetzten Seite des Magniviertels, taucht man ins beschauliche Braunschweig ein. Ein breiter Grüngürtel lädt zum Spazierengehen ein. Er wurde anstelle der Ende des 18. Jahrhunderts abgerissenen Befestigungsanlagen angelegt und rückte rasch zur bevorzugten Wohngegend begüterter Braunschweiger auf. Hier schufen sie sich in leicht barockem Stil ihren »Tempel der Kultur«, das **Städtische Museum (20)**. Den Eingang markiert die Skulptur eines grüblerischen Mannes mit dem Titel »Die große Verweigerung«. Das Museum zeigt in mehreren Abteilungen Kunst und Kunsthandwerk, dazu Zeugnisse der All-

tagskultur vom Mittelalter bis zur Gegenwart. Ausgestellt sind kunstfertige Arbeiten von Mitgliedern der einst 90 Braunschweiger Zünfte, darunter Goldschmiede, Schlosser und Weber. Die Arbeitsweise von Zinngießern und Schmieden wird anhand zweier vollständig eingerichteter Werkstätten veranschaulicht, während 600 Lackkunstarbeiten die Arbeit der 1764 gegründeten Stobwasser-Manufaktur veranschaulichen. Aus Pappmaché wurden Gebrauchsgegenstände wie Schnupftabakdosen und Kästchen, Masken und Tabletts gepresst, die mit Miniaturen bemalt und mit Bernsteinlack veredelt wurden.

An das Museum ist die 1861 eröffnete Stadtbibliothek angeschlossen. Sie besitzt mehr als 300.000 Bände, darunter mittelalterliche Inkunabeln, einige der »angeketteten« Bücher aus der St. Andreas Liberei sowie seltene Drucke vom 16. bis 19. Jahrhundert.

Die »Formsammlung«, eine Dependance des Museums, befindet sich nahebei in der ehemaligen Villa eines Zuckerbarons. Die Dauerausstellung zeichnet anhand von 6000 Exponaten die Entwicklung des Designs von der Zeitenwende bis zur Gegenwart nach. Ungewöhnlich ist das Arrangement, das sich einzig an der Form, nicht an Materialien, Schulen oder Designern orientiert. So stehen in auffällig übereinstimmender Formgestaltung antike Keramikgefäße neben modernen Glasobjekten, asiatische neben islamischen, handgearbeitete neben industriell herge-

➤ Links: Blick vom
Schlosspark auf die St. Magnikirche

53

Die Entführung des hl. Auctor

Am 20. August eines jeden Jahres bietet sich im evangelischen Braunschweig ein ungewöhnliches Bild: Am Fuße der St. Aegidien-Kirche formiert sich eine farbenprächtige Prozession, die zu Ehren des hl. Auctor die Straßen des Viertels abschreitet.

Dass der Heilige zum Stadtpatron aufrücken konnte, verdankt sich einer Begebenheit, die sich um 1115 ereignet haben soll: Im Traum erschien Auctor der Markgräfin Gertrud, Gründerin des Klosters St. Aegidien, in gleich drei aufeinanderfolgenden Nächten. Seine sterblichen Überreste, so klagte er, würden im Dom von Trier nicht angemessen gewürdigt. Dringend bat er Gertrud, die Großmutter Heinrichs des Löwen, seine Gebeine nach Braunschweig zu überführen. Die Gräfin überlegte nicht lang und ließ sich zu einem »frommen Diebstahl« verführen. Sie reiste kurzerhand nach Trier, wo sie die Gebeine des Heiligen aus der Tumba nahm, während die Mönche beim Essen waren. Unterwegs sorgte der Heilige dann gleich mehrfach dafür, dass die Gräfin und ihre Gehilfen von den erbos-

ten Trierern nicht eingeholt werden konnten.

Als die Karosse mit den sterblichen Überresten Braunschweig erreichte, blieben die Pferde wie verzaubert vor St. Aegidien stehen und weigerten sich weiterzuziehen. Die Gräfin deutete dies als Zeichen, dass Auctor an keinem anderen als diesem Ort beerdigt werden wollte...

Im Jahr 1200 hatte der Heilige Gelegenheit, sich für die freundliche Aufnahme zu bedanken. Als die Stadt von Philipp dem Schwaben belagert wurde, stritt er so wild auf Seiten Braunschweigs, dass die feindlichen Truppen unverrichteter Dinge abziehen mussten. Auctor rückte auf zu Braunschweigs Schutzpatron und überstand selbst die Zeiten der Reformation.

An seinem Todestag, dem 20. August, ehrt man ihn mit einer Prozession. Doch auch wer an einem anderen Tag nach Braunschweig kommt, kann Auctor in Augenschein nehmen: Man entdeckt seine Skulptur an der langen Nordwand der St. Aegidien-Kirche im zweiten Giebel von rechts. Dort steht er mit hoher Bischofsmütze, trägt in der Linken ein Kirchenmodell und in der Rechten ein goldenes Kreuz, mit dem er die Stadt segnet.

stellten Stücken. Während im Haus Gebrauchsgegenstände ausgestellt werden, sind im Garten formbetonte Skulpturen Braunschweiger Künstler zu sehen. Sie weisen hinüber zum »abstrakten« Obelisk im Zentrum des Löwenwalls, der an zwei während der Napoleonischen Kriege gefallene Herzöge erinnert.

> ▸ Städtisches Museum, Am Löwenwall, Di–So 10–17 Uhr (Do bis 20 Uhr), Dependance nur Di–Fr und So 10–13 Uhr, Eintritt frei

Durch eine vierspurige Trasse ist **St. Aegidien** vom Magniviertel abgeschnitten. Über der Straße erhebt sich hinter Fachwerkfassaden mächtig die St. Aegidien-Kirche: eine der schönsten Ansichten, die Braunschweig zu bieten hat. 1125 ließ die Braunschweiger Markgräfin auf dem höchsten Hügel Kirche und Kloster errichten und lud Benediktinermönche ein, sich dort niederzulassen. Der Hügel war durch mehrere Okerarme vom Rest der Stadt getrennt und bildete jahrhundertelang die »Klosterfreiheit St. Aegidien«. Längst sind die Mönche abgezogen, doch in den verwinkelten Gassen hinter der Kirche blieb das Ambiente klösterlicher Stille erhalten.

Die **St. Aegidien-Kirche (21)** ist das alles beherrschende Baudenkmal dieses Viertels. Nachdem sie ein Großbrand 1278 in Schutt und Asche gelegt hatte, wurde sie in gotischen Formen wieder aufge-

baut. Zwar besitzt sie keine Türme, doch mit ihren hoch aufschießenden Maßgiebeln und dem vorspringenden Chorhaus wirkt sie gleichwohl gebieterisch und imposant. Keine andere Kirche Braunschweigs blickt auf eine so bewegte Geschichte zurück: Nach Vertreibung der Benediktiner in der Reformation ging sie in die Hand der Garnison über; unter französischer Besatzung war sie Militärdepot und Pferdestall, danach ein Gefängnis und ein »Vaterländisches Museum«. Heute ist sie Braunschweigs einzige katholische Kirche; die Klostergebäude beherbergen das Braunschweigische Landesmuseum.

Man betritt die Kirche durch das Westportal und befindet sich sogleich in einer hohen, dreischiffigen Halle. Schlanke Pfeiler tragen Kreuzrippengewölbe, durch hohe Fenster einflutendes Sonnenlicht lässt das Kircheninnere erstrahlen. Zum hellen Eindruck tragen auch die weiß getünchten Wände bei, die durch keinerlei Schmuck »zugehängt« sind. Einen dezenten farblichen Akzent setzen einzig die Schlusssteine der Gewölbe, die Säulenkapitelle sowie die Kanzel mit einer vergoldeten hl. Anna auf himmelblauem Grund. Der Chor am Kopfende der Kirche wird von acht Kapellen gesäumt. In einer von ihnen befindet sich die Grabplatte des hl. Auctor, seit 1200 Schutzheiliger Braunschweigs.

> ▸ St. Aegidien-Kirche, Aegidienmarkt, Mo–Fr 8–17, Sa–So 8–19 Uhr

55

➤ Das klassizistische Gebäude beherbergt
Gegenwartskunst und Wechselausstellungen

Das ehemalige Kloster bildet heute den stimmungsvollen Rahmen für das **Jüdische Museum (22)**. Ausgestellt wird die vollständige Inneneinrichtung aus der 1940 von den Nazis zerstörten Hornberger Synagoge mit Thoraschrein und Almemor (Kanzel), Lesepulten und Leuchtern, Frauenempore und Sitzbänken. Ergänzt wird die »Synagoge« um Thorarollen und Talmudbücher, Ritualgefäße und Chanukkaleuchter. Ausführlich wird die Entwicklung des Reformjudentums im 18. und 19. Jahrhundert dokumentiert, eine separate Ausstellung ist der Vernichtung der Braunschweiger Juden im Konzentrationslager Bergen-Belsen gewidmet.

♦ Jüdisches Museum (Abteilung Braunschweiger Landesmuseum), Hinter Ägidien, Di–So 10–17 Uhr (Do bis 20 Uhr)

Über die Gasse Hinter Ägidien gelangt man zum Lessingplatz, der von einer Schnellstraße durchschnitten wird. An seiner Nordseite thront auf einer Grünfläche eine Skulptur des Schriftstellers Gotthold Ephraim Lessing, der viele Jahre in Braunschweig verbrachte und 1781 hier starb. Das 1883 enthüllte Denkmal zeigt Lessing als heroischen Geisteshelden: Gestützt auf eine abgebrochene Säule blickt er über alles Irdische hinweg versonnen in die Ferne. Südlich der Schnellstraße befindet sich der **Kunstverein (23)**, der Besucher seit 1832 mit dem lateinischen Schriftzug »Salve Hospes« (Sei gegrüßt, Gast) anlockt. Der klassizistische Palast ist streng geometrisch gegliedert, betont ist der Eingangsbereich: Vor zwei klassischen Säulen halten vier sphinxähnliche Figuren Wache, darüber spannt sich ein Dreiecksgiebel mit ägyptisierenden Ornamenten. Das ehrwürdige Haus lässt nicht ahnen, dass drinnen oft provokative Kunst gezeigt wird. Jedes Jahr gibt es etwa fünf große Wechselausstellungen zur klassischen Moderne und zur internationalen Gegenwartskunst. In der angeschlossenen Studiogalerie werden Ausstellungen von Absolventen deutscher Kunsthochschulen organisiert.

♦ Kunstverein (Haus »Salve Hospes«), Lessingplatz 12, http://Kunstverein-BS.de, Di–So 11–17 Uhr (Mi bis 20:00 Uhr); öffentliche Führungen Mi 18.30, So 14.30 Uhr

Museen längs der Oker

Mehrere Museen befinden sich längs der sogenannten »Kulturachse«, die vom Städtischen Museum nordwärts führt. Das **Naturhistorische Museum (24)** ist im expressionistischen Backsteinbau der ehemaligen Pädagogischen Hochschule untergebracht und geht auf das 1754 von Karl I. gegründete »Herzogliche Kunst- und Naturalienkabinett« zurück. Die Palette reicht von der Erdgeschichte bis zum Leben im Meer, wobei viel Wert auf anschauliche Präsentation gelegt wird. In knapp 30 Dioramen werden europäische Säugetiere in ihrem »natürlichen« Umfeld dargestellt, darunter auch ausgestorbene Arten wie z.B. der letzte Luchs des Harzes. Exotischer geht es im Aquarium zu, wo sich echte Korallen- und Lungenfische, Tanganjika-Buntbarsche und Piranhas tummeln. Das erste Stockwerk ist der Insektenwelt gewidmet. Um Besuchern die winzigen Tiere näher zu bringen, hat man sich etwas Besonderes einfallen lassen: Am Stereomikroskop können über 100 verschiedene Insekten bis zu 40-fach vergrößert betrachtet werden. An einem Beobachtungsstock lernt man die Tanzsprache der Bienen kennen. Im zweiten Stock wird anhand von Fossilien die Entwicklung der Evolution nachgezeichnet. Auch hier stehen Stereomikroskopen bereit, anhand derer man Bernstein-

einschlüsse und Mikrofossilien »unter die Lupe« nehmen kann. Überwältigend groß erscheint das 7 m lange Skelett der Stellerschen Riesenseekuh aus dem Bering-Meer – 1768 hat man das letzte Exemplar dieser Art erlegt.

▶ Naturhistorisches Museum, Pockelstr. 10, www.naturhistorisches-museum.de, Di–So 9–17 Uhr (Mi bis 19 Uhr)

➤ Ein Elch im Naturhistorischen Museum

Etwas abseits der Kulturachse liegt das **Mineralienkabinett (25)**. Aus der umfangreichen Sammlung der Technischen Universität wird in 27 Vitrinen nur ein Bruchteil ausgestellt, darunter rohe und geschliffene Edelsteine, Vulkanbrocken, fluoreszierende Mineralien und Meteoriten. Das Schmuckstück ist ein 3 m langer Warikahnit, ein nach seinem Finder, Walter Richard Kahn, benannter Stein aus dem namibischen Tsumeb.

▶ Mineralienkabinett, Gaußstr. 28, Mi 15–18, jeden 2. So im Monat 10–12 Uhr, Eintritt frei

➤ Das Herzog Anton Ulrich-Museum
gilt als ältestes Museum in Europa

ben- und übereinander und vermitteln so auf anschauliche Art den Geist einer Zeit, die Fülle über alles liebte. Außer vielen Alten Meistern wie Rembrandt und Rubens gibt es Skulpturen von der Antike bis zur Frühen Neuzeit, ein umfangreiches Kupferstichkabinett und eine Kunsthandwerksammlung.

Das Juwel unter den Braunschweiger Museen ist das **Herzog Anton Ulrich-Museum (26)**, das trotz seiner hochkarätigen Kunstsammlung erstaunlich unbekannt ist. Warum in den Pariser Louvre oder in die Londoner National Gallery pilgern, wenn das Gute ist so nah und man die Kunst hier obendrein fast für sich allein genießen kann? Das Museum gehört zu den großen Gemäldegalerien Alter Meister in Deutschland und gilt als ältestes öffentliches Museum in Europa. Es trägt den Namen jenes Herzogs, der offensichtlich viel Zeit und Geld zum Sammeln hatte und die meisten Kostbarkeiten vor über 300 Jahren erwarb. In Salzdahlum, seinem »Klein-Versailles«, ließ er für sie sogar ein eigenes Galeriegebäude einrichten. Öffentlich zugänglich wurde die Sammlung aber erst durch Karl I., der sie 1754 nach Braunschweig holte und ihr den Namen »Herzogliches Kunst- und Naturalienkabinett« gab. Bis heute hängen die Gemälde dicht ne-

♦ Herzog Anton Ulrich-Museum, Museumstraße 1, www.museum-braunschweig.de, Di 10–17, Mi 13–20, Do–So 10–17 Uhr; Kupferstichkabinett Di 10–13, 14–16, Mi 10–13, 14–18, Do–Fr 10–13, 14–16 Uhr

In der Stadt, in der Voigtländer und Rollei ihre berühmten Kameras bauen ließen, darf natürlich ein **Museum für Fotografie (27)** nicht fehlen. Es ist in einem klassizistischen Torhaus untergebracht und besitzt einen reichen Fundus von Pionierfotografien bis zu wichtigen Werken der Gegenwart. In wechselnden Ausstellungen werden sie vorgestellt, Workshops und Vorträge runden das Angebot ab. Fotofans mögen vielleicht auch ins Camera Museum (Hagenbrücke 5, Mo–Fr 12–18, So 11–15 Uhr) pilgern, wo nebst Voigtländer-Apparaten Kuriosa wie z.B. eine Spionagekamera in Form einer Zigarettenschachtel zu sehen sind.

♦ Museum für Photographie, Steintorhaus, Helmstedter Str. 1, www.photomuseum.de, Di–Fr 13–18, Sa–So 14–18 Uhr

Besuch im Herzog Anton Ulrich-Museum

Die »Gewitterlandschaft« von *Rembrandt* gilt als Höhepunkt holländischer Landschaftsmalerei und ist im Braunschweiger Herzog Anton Ulrich-Museum ausgestellt. Welch großartiges Bild: Brücke, Haus und Burgruine versinken schemenhaft in der Dunkelheit, Vorder- und Hintergrund sind vage und gedämpft, wie ertränkt in bräunlichen Farben. Doch da ist ein scharf-gleißendes Licht, das die Düsternis zerteilt – es besitzt Konturen und wirft Schatten, erscheint damit »wirklicher« als alles andere auf dem Bild. Es ist dem Künstler nicht darum gegangen, Gegenstände zum Zwecke des Wiedererkennens abzubilden; vielmehr wollte er durch die Darstellung der Natur beim Betrachter eine ausgeprägte Stimmung erzeugen. So kam es ihm in der »Gewitterlandschaft« darauf an, das Gefühl der Bedrohung durch aufziehenden Sturm einzufangen, einen kurzen, abgründigen Moment für immer auf die Leinwand zu bannen.

In Braunschweig darf man Rembrandt bewundern und mit ihm wichtige Werke seiner Vorgänger. Dabei wird man zugleich an wichtige ästhetische Veränderungen beim Übergang zur Neuzeit herangeführt. Auf Gemälden aus dem frühen 16. Jahrhundert sind Vorder- und Hintergrund farblich noch so scharf voneinander abgesetzt, dass man hintereinander montierte Theaterkulissen zu sehen glaubt. Doch schon bald haben Maler wie *Paul Briddel* und *Adam Elsheimers* einen Sinn für facettenreichere Übergänge entwickelt; sie erlauben es dem Betrachter, sich imaginär vor den To-

ren der Stadt, im Flusstal oder am Meer zu bewegen. Freilich ist bei ihnen die Landschaft noch Dekoration, Hintergrund für die Darstellung wichtiger Szenen etwa aus der Bibel, dem höfischen oder bäuerlichen Leben. *Pieter de Mollain* war einer der ersten, der das Verhältnis umgekehrt hat: Bei ihm beansprucht die Landschaft den meisten Raum auf der Leinwand, während die Figuren zu unbedeutendem Beiwerk reduziert sind. Eine einfache Düne hat er so virtuos gemalt, dass der Betrachter meint, er schaue von ihrem höchsten Punkt weit in den offenen Horizont. Und auch sein Landsmann *Goyen* wird vorgestellt: Mit seiner Ton-in-Ton-Malerei hat er die Landschaft noch radikaler von allem »Überflüssigem« befreit, Menschen treten hier kaum noch in Erscheinung.

Und so könnte man noch ganze Bücher füllen über das, was im Herzog Anton Ulrich-Museum zu sehen ist. Denn noch viele andere Meisterwerke werden hier ausgestellt: In den Oberlichtsälen hängen Gemälde u.a. von Veronese, Giorgione und Tintoretto, Rubens, van Dyck und Vermeer van der Delft, in den angrenzenden Kabinetten Cranach und andere altdeutsche Künstler, niederländische Manieristen, Porträts aus dem 17. und 18. Jahrhundert. Das zweite Geschoss birgt Kunst der Antike, eine reiche Sammlung von Skulpturen und kunsthandwerklichen Produkten. Im Erdgeschoss befindet sich das Kupferstichkabinett mit sage und schreibe 100.000 Blättern, dazu Meisterzeichnungen aus den letzten 600 Jahren.

59

> Blick auf Kloster Riddagshausen

Das 3 km östlich des Stadtzentrums gelegene Klosterviertel Riddagshausen lohnt nicht nur wegen des **Zisterzienser-Museums (28)** einen Besuch. Mit seinen Wiesen, Wäldern und Teichen bietet Riddagshausen seltenen Sumpf- und Wasservögeln Lebensraum und wurde zum Euroreservat erklärt. Wer will, kann vor dem Museumsbesuch im Buchhorst, dem ehemaligen Jagdrevier der Braunschweiger Herzöge, ausgedehnte Spaziergänge unternehmen. Das Museum selbst findet man im Torhaus am Eingang zum Kloster. Dargestellt wird die Geschichte des Ordens, der von Frankreich kommend über Deutschland bis weit nach Polen vorstieß. Man erfährt, dass die Mönche nicht nur eifrige Missionare waren, sondern sich auch als Zivilisationsbringer verstanden. Gottes Auftrag, der Mensch möge

sich »die Erde untertan machen«, wurde von ihnen wörtlich genommen: So zogen sie als Pioniere in unwirtliche Gegenden und kultivierten diese unter der Losung »ora et labora« (Bete und arbeite). 1145 kamen sie nach Riddagshausen, machten die Sümpfe urbar und legten zahlreiche bis heute existierende Fischteiche an. Die armen Klosterbrüder rückten rasch zu Großgrundbesitzern auf und besaßen nicht weniger als 3750 ha Land. Als sie 1568, zur Zeit der Reformation, vertrieben wurden, durfte im Kloster nur ein kleines, lutherisch konvertiertes Stift weiter bestehen. Unter Abt Jerusalem wurde hier im 18. Jahrhundert das erste protestantische Predigerseminar Deutschlands eröffnet. Heute existiert vom Kloster nur noch die Kirche St. Marien: außen ein wuchtiger Bau aus unverputztem Bruchstein, drinnen weit und lichtdurchflutet mit hoch aufschießenden Seitenschiffen. Die ehemaligen Wirtschaftsgebäude hat der VW-Konzern unter Beschlag genommen, im klösterlich-romantischen Ambiente werden Manager in neue Marketing-Konzepte eingewiesen.

- Zisterziensermuseum Riddagshausen, Klostergang 64, Sa–So 12–17 Uhr (erreichbar mit Bus 13 ab Kastanienallee)

- Klosterkirche St. Marien, Klostergang, Di–So 10–16 Uhr

Das **Raabe-Haus (29)**, in dem der Namensgeber und Schriftsteller (> S. 72) seine letzten Lebensjahre verbracht hat, ist heute ein Museum. Original erhalten ist das Arbeitszimmer mit Aquarellen und Zeich-nungen aus seiner Hand sowie Erstausgaben seiner Bücher. Doch das Haus ist nicht nur eine museale Gedächtnisstätte. Mit Vorträgen und Lesungen wird der Autor »am Leben erhalten«. Literarische Spaziergänge führen zu Schauplätzen seiner Romane, Ausstellungen beleuchten das Werk in neuem Kontext. Das im Haus ansässige LiteraturBüro vergibt jedes Jahr den Wilhelm-Raabe-Preis, mit dem Autoren geehrt werden, die ihre Kunst nicht dem Zeitgeist opfern.

- Raabe-Haus, Leonhardstr. 29-A, Di–Mi 9–12, Do 14–16 Uhr, Eintritt frei

Gut 1,5 km südlich des Stadtzentrums, kurz vor dem Ortsausgang,

Der Dichter und sein Rabe

Der Autor, der sich zuweilen hinter dem Pseudonym Jakob Corvinus (=Rabe) versteckte, hatte zu seinem animalischen Namensvetter eine besondere Beziehung. In der Erzählung »Das Odfeld« berichtet er von einem wilden Raben, der ihm fast zum Haustier wurde: »In meinem Elternhause wurde ein zahmer Rabe gehalten, der uns Kinder auf unseren Streifzügen wie ein Hund begleitete, uns auch in der Schule besuchte. Als wir unsere Wohnung wechselten, blieb der Rabe an der alten Stätte zurück; er besuchte uns zwar oft, war aber in der neuen Wohnung nicht zu halten. Da er jedoch ziemlich verwaiste, so schloss er Freundschaft mit einem an der Kette liegenden Fuchs des von Campeschen Hauses, mit dem er die Mahlzeiten teilte. Der Vogel trieb von Tag zu Tag mehr Unfug, und es wurde deshalb beschlossen, dem Raben den Garaus zu machen. Da ihm schwer beizukommen war, benutzte der junge Campe die Gelegenheit, ihn durch gezielten Schuss zu töten, als der Rabe bei dem Fuchs zu Gaste war. In dem Augenblick, da der Vogel tödlich getroffen zusammenbrach, stürzte sich der Fuchs über den Raben, um ihn – auszuweiden.«

61

➤ Im Inneren von Schloss Richmond

Gerstäcker-Museum untergebracht, in dem Leben und Werk des populären Reiseschriftstellers vorgestellt werden. Anders als Raabe war er schon zu Lebzeiten ein Bestsellerautor, mit seinen Büchern entführte er das bürgerliche Lesepublikum in ferne, exotische Welten. Eine Sonderausstellung ist den Braunschweiger Soldaten gewidmet, die 1776 als »Hülfstruppen« im englischen Dienst gegen die »amerikanischen Rebellen« auszogen, um den Unabhängigkeitskrieg für die englische Krone zu gewinnen. Nach anfänglichen Erfolgen gerieten sie 1777 bei Saratoga in Gefangenschaft – bei Kriegsende blieben viele von ihnen in Nordamerika und siedelten sich an.

steht am Rande des Bürgerparks das zierliche **Schloss Richmond (30)**. Es wurde für die Prinzessin von Wales errichtet, die 1764 Herzog Karl Wilhelm Ferdinand geheiratet hatte. Name, Architektur und sogar die Lage am Fluss entsprachen exakt ihrem Lustschloss im fernen Wales – ein Stück Heimat im fernen Braunschweig. In einem der Wirtschaftsgebäude des Schlösschens ist das **Friedrich-**

▶ Schloss Richmond, Wolfenbütteler Str. 55, Führung nach vorheriger Anmeldung in der Touristeninformation; Friedrich-Gerstäcker-Museum, www.gerstaecker-museum.de, So 10–13 Uhr

➤ Bootsfahrten um die Altstadt sind bei schönem Wetter beliebt

Mit dem Boot um die Braunschweiger Altstadt

Eine ungewöhnliche, aber spannende Art, Braunschweig kennen zu lernen: Von April bis Oktober kann man sich bei gutem Wetter ein Kanu-, Tret- oder Ruderboot mieten und eine Wasserpartie unternehmen. Stromaufwärts geht es zum Bürgerpark, flussabwärts zu den Okerterrassen. Wer will, kann sogar die gesamte Altstadt umrunden – nur an zwei Stellen, am Rosental und am Wendenwehr, gilt es, das Hindernis zu umtragen.

▶ Bootsverleihstelle, Kurt-Schuhmacher-Straße/Ecke Löwenwall, Mo–Fr ab 13, Sa–So ab 10 Uhr

Berühmte Persönlichkeiten

Heinrich der Löwe

Seine Mutter war Gertrud, die Tochter Kaiser Lothars III., sein Vater Heinrich »der Stolze«, Herzog von Sachsen und Bayern. Bereits mit 12 Jahren erhält Heinrich Bayern und Sachsen als Lehen, die seinem Vater vier Jahre zuvor aberkannt worden waren. Durch geschickte Heiratspolitik vermehrt er Macht, Einfluss und Reichtum – er wird nach dem Kaiser der mächtigste Mann im Reich. Als er im Jahre 1168 die englische Königstochter Mathilde Plantaganet (die übrigens die Tochter Heinrichs II. und Eleonore von Aquitaniens und damit eine Schwester von Richard Löwenherz ist) heiratet, schafft er die Verbindung zwischen dem englischen und dem hannoveranischen Königshaus, die bis auf den heutigen Tag besteht. Auf Heinrich gehen auch zahlreiche Städtegründungen zurück (z.B. Lübeck, Lüneburg, München und Schwerin), Braunschweig baut er zu seiner schon königlich anmutenden Residenz aus. Mathilde und Heinrich fördern Bildung und Kultur – an ihrem Hof blühen die schönen Künste.

1172 nimmt Heinrich das Kreuz und zieht aus, das »Heilige Land zu befreien«. In Konstantinopel wird er vom Kaiser empfangen, der

ihm – so wird erzählt – einen Löwen schenkt. Zurück in Deutschland versucht Heinrich, seinen Herrschaftsbereich nach Osten zu vergrößern, aber diese Politik schafft ihm viele Feinde. 1180 verhängt Friedrich I. Barbarossa die sogenannte »Reichsacht« gegen Heinrich, der damit seine Lehen verliert und ins Exil nach England gehen muss. Als der Kaiser 1185 ein Bündnis mit dem englischen König eingeht, darf Heinrich zurückkehren – er erhält seine Titel und Gebiete zurück. 1189–90 folgt ein zweites Exil in England. Während Mathilde ihn beim ersten Mal begleitet hatte, bleibt sie nun in Braunschweig und regelt die Regierungsgeschäfte in Vertretung ihres Gemahls. Heinrich muss Teile seiner Herzogtümer aufgeben; nur sein Stammland zwischen Braunschweig und Lüneburg darf er behalten. Als er 1195 stirbt, wird er auf seinen ausdrücklichen Wunsch im Braunschweiger Dom beigesetzt.

Heinrichs Sohn strebte gleichfalls nach »Höherem«. 1209 wurde er als Otto IV. zum deutschen Kaiser gekrönt, durfte sich aber seiner Machtfülle nicht lange erfreuen. Schon sechs Jahre später, als er auszog, dem Reich Mittelitalien einzuverleiben, wurde er vom Papst »gebannt« und seines Thrones beraubt.

➤ Die Bronzestatue Heinrichs
   des Löwen vor der Catharinenkirche

Till Eulenspiegel

Man sieht den Schalk an einem Braunschweiger Brunnen, entdeckt sein Konterfei am Rathausturm und am Haus zum Glockenspiel. Die von ihm gebackenen Eulen und Meerkatzen werden beim Wiener Bäcker verkauft und finden bei Souvenirjägern reißenden Absatz. Eulenspiegel hat es inzwischen gar zum »Markenzeichen« des Braunschweiger Landes gebracht – an seinem Weltruhm möchte man teilhaben.

»Ein kurtzweilig Lesen von Dyl Ulenspiegel, geboren uß dem Land zu Brunßwick, wie er sein leben volbracht hat...«: So lautet der Titel des frühen Prosaromans, der 1510 in Straßburg gedruckt und dessen Verfasser vermutlich der Braunschweiger Zollschreiber Hermann Bote ist, von dem auch die sogenannte »Braunschweiger Weltchronik« und das »Schichtbuch« stammen. Der Autor hat aus mündlicher Überlieferung die Eulenspiegel-Schwänke zusammengetragen, sie mit eigener Phantasie ausgeschmückt und in derb-drastischer Sprache wiedergegeben.

Schon im 16. Jahrhundert wurde das Eulenspiegelbuch in viele europäische Sprachen übersetzt. Es erzählt vom Leben eines »behend listigen und durchtribenen, eins Buren Sun«, der den Widerspruch über alles liebt und sich konsequent weigert, ein braver Bürger zu werden. Schon als kleiner Wicht weiß er, wie man Autoritäten austrickst und die Spuren der eigenen Identität verwischt, um zukünftige Nachforschungen zu erschweren. Hunger nach Erfahrung treibt ihn hinaus in die Welt – übers Braunschweiger Land führen seine Wanderungen nach Berlin, Nürnberg und Ulm, Prag und Rom. Die Menschen, die er unterwegs kennen lernt, überschüttet er mit Spott und Schabernack; er amüsiert sich über ihre Schwächen und Laster, ihre Hörigkeit gegenüber Tradition und Konvention. Besonders gern macht er sich über die Heuchler und Wichtigtuer her. Er hält ihnen den Spiegel vor und konfrontiert sie mit unangenehmen Wahrheiten. Indem er das, was sie sagen, wortwörtlich nimmt, treibt er sie zur Weißglut und entwaffnet sie zugleich – denn was können sie gegen den Kauz ausrichten, wenn er nichts anderes macht als ihre Anweisungen nur »supergenau« zu befolgen!

Und doch wäre es falsch, Eulenspiegel zu einer Art Robin Hood zu verklären, der sich auf die Seite der Armen schlägt und nur Gutes im Sinn hat. Denn damit würde unterschlagen, dass er verdammt oft, zumindest im Ursprungstext, knallhart auf den eigenen Vorteil bedacht ist; wenn's sein muss, schreckt er nicht davor zurück, Schwächere in die Pfanne zu hauen.

Es gibt freilich spätere Varianten des Texts, in denen Eulenspiegel von allen negativen Zuschreibungen befreit und zum lustigen Possenreiser degradiert ist – so kann braven Kindern das Buch zur un-

> Till Eulenspiegel

G.E. Lessing

Gotthold Ephraim Lessing (1729–1781) zählt zu den meistgespielten deutschen Dramatikern: ein radikaler Aufklärer, der die Vernunft an die oberste Stelle des Handelns stellt. Nur durch überlegtes und selbstständiges Handeln, lautet seine Botschaft, kann sich der Mensch von Zwängen befreien.

Lessing selbst hat schon früh im Leben erfahren, was Zwang bedeutet. In Kamenz, einem Ort in der Oberlausitz, wächst er als Sohn einer strengen, alt eingesessenen Pfarrersfamilie auf, der Vater schickt ihn erst auf die örtliche Lateinschule, dann auf die Eliteschule in Meißen. Während des Theologiestudiums in Leipzig beginnt er, sich langsam vom Druck väterlicher Bevormundung zu befreien. Er entdeckt seine Vorliebe für Literatur und Theater, publiziert erste Gedichte und Fabeln sowie das Stück »Der junge Gelehrte«. Aber er hat auch Schwierigkeiten, mit der »Freiheit« umzugehen: 1748 muss er aufgrund hoher Spielschulden vor Gläubigern fliehen und sein Studium abbrechen. Über Wittenberg reist er nach Berlin, wo er als Rezensent für die »Berlinische Privilegierte Zeitung« arbeitet. Er gründet eine eigene Theaterzeitschrift und macht sie zum Sprachrohr aufklärerischer Ideen. Zwischendurch promoviert er zum Magister der Philosophie (1752) und schreibt »Miss Sara Sampson« (1755), das erste bürgerliche Trauerspiel in deutscher Sprache. Der Ausbruch

terhaltsamen Lektüre empfohlen werden. Verharmlosend wirken auch die vielen literarischen Bearbeitungen des Themas, etwa der Roman von Charles de Coster, der sich fast vollständig von der Vorlage löst und eine völlig andere Eulenspiegel-Figur erfindet.

Eulenspiegel, so heißt es in der Urfassung, wurde um 1300 in unmittelbarer Nähe Schöppenstedts, 20 km südöstlich von Braunschweig, geboren. Was lag da näher, als just an diesem Ort ein Museum einzurichten, das an den Schalksnarren erinnert und inzwischen jedes Jahr von über 8000 Menschen besucht wird? Der Wandel der Figur in Literatur, Musik und Film wird in insgesamt fünf Räumen anschaulich nachgezeichnet. Im Vorraum, der auch für Sonderausstellungen genutzt wird, sieht man Bilderzyklen berühmter, von Eulenspiegel inspirierter Künstler wie A. Paul Weber und Adi Holzer.

⬧ **Till Eulenspiegel-Museum Schöppenstedt, Nordstr. 4-A, Di–Fr 14–17, Sa–So 11–17 Uhr, www.eulenspiegel-online.de**

des Siebenjährigen Krieges 1756 hindert ihn an der Realisierung einer geplanten vierjährigen Europareise.

Finanzielle Not zwingt ihn 1761, eine feste Stelle als Sekretär des preußischen Generals von Tauentzien in Breslau anzunehmen. Er beginnt die Arbeit am Stück »Minna von Barnhelm« und verfasst die einflussreiche kunsttheoretische Schrift »Laokoon oder über die Grenzen der Malerei und Poesie«. Zugleich aber findet er wieder Gefallen am bohèmehaften Leben und verprasst sein Geld in Wirtshäusern und beim Kartenspiel. In einem Brief aus dem Jahr 1763 räumt er selbstkritisch ein: »Ich habe mit diesen Nichtswürdigkeiten nun schon mehr als drei Jahre verloren. Es ist Zeit, dass ich wieder in mein Gleis komme.«

Von Breslau zieht er nach Berlin und weiter nach Hamburg, wo sich aber viel versprechende Arbeitsprojekte zerschlagen. Er muss schließlich froh sein, dass ihm 1769 wenigstens eine Stelle als Bibliothekar im »öden« Wolfenbüttel an-

geboten wird. »Es ist nie mein Wille gewesen«, scheibt er, »an einem Orte, wie Wolfenbüttel, von allem Umgang, wie ich ihn brauche, entfernt, Zeit meines Lebens Bücher zu hüten...« Wenige Jahre zuvor war der Herzog nach Braunschweig umgezogen und mit ihm der ganze Hof, fast alle Beamten und Gelehrten. Lessing ist dazu verurteilt, die umfangreichen Bestände der herzoglichen Bibliothek zu sichten und zu katalogisieren – keine aufregende Arbeit für einen wachen Geist, doch er braucht dringend das hiermit verknüpfte Einkommen.

1772 vollendet er »Emilia Galotti« und beginnt zwei Jahre später mit der Herausgabe der »Fragmente eines Unbekannten«. Hiermit freilich rührt er ein heißes Eisen an. Denn es handelt sich dabei um ein radikal aufklärerisches Manuskript, das ihm für die nächsten Jahre heftige Auseinandersetzungen mit der Kirche beschert.

Nach seiner Rückkehr von einer Italienreise heiratet Lessing die Hamburger Kaufmannswitwe Eva König. Im Meißnerhaus am Schlossplatz ist auf einer Tafel zu lesen: »In diesem Haus verlebte Gotthold Ephraim Lessing mit seiner Frau Eva von Oktober 1776 bis Dezember 1777 das glücklichste Jahr seines Lebens.« Was dort nicht steht: Kurz nach der Geburt stirbt ihr Sohn, zwei Wochen später die Mutter. Lessings bitterer Kommentar: »Ich wollte es auch einmal so gut haben wie andere Menschen. Aber es ist mir schlecht bekommen.«

➤ G. E. Lessing

Als eine Art Fortsetzung des zuvor ausgetragenen theologischen Streits entsteht 1778 das Drama »Nathan der Weise«. Bald darauf verschlechtert sich sein Gesundheitszustand, er klagt über Konzentrationsmangel und krankhafte Müdigkeit. Am 15. Februar 1781 stirbt er 52-jährig in einem Braunschweiger Gasthaus am Fuße der Kirche St. Aegidien, wo heute ein monumentales Standbild an den kritischen Geist erinnert. In Wolfenbüttel dankt man ihm sein 12-jähriges Wirken mit einem biographischen Museum am Lessingplatz.

> C.F. Gauss

Carl Friedrich Gauß

Die meisten Leser werden ihn von der ehemaligen 10-DM-Note kennen, auf der er mit kecker Professorenmütze abgebildet ist: Carl Friedrich Gauß (1777–1855) gilt nicht nur als bedeutendster Mathematiker aller Zeiten, sondern hat sich auch als Astronom und Physiker einen Namen gemacht. Viele seiner Entdeckungen sind ins Begriffsrepertoire der Wissenschaft eingegangen, so das »Gaußsche Prinzip des kleinsten Zwanges«, die »Gaußsche Abbildung« und die »Gaußschen Koordinaten«.
Dabei sah es am Anfang gar nicht so aus, als könnte aus Carl Friedrich etwas Großes werden – er wächst auf als Sohn eines Metzgers im Braunschweiger Hagen und wäre mit drei Jahren fast im Wassergraben ertrunken – hätte ihn

nicht ein Nachbar in letzter Sekunde gerettet. Als der Vater sich bei diesem bedanken will, wehrt der ab: »Ich glöve, dä Herrgott wilt din'n Karel noch lange leben laten. Dat hat was vor mit dem.«
Der Nachbar behält recht. Schon früh wird Carl Friedrichs mathematische Begabung erkannt, dank eines herzoglichen Stipendiums kann er das *Collegium Carolinum* besuchen. Danach studiert er an der Universität Göttingen und promoviert 1799 an der *Academia Julia* von Helmstedt über den »Fundamentalsatz der Algebra«. Der Herzog setzt dem gerade 22-Jährigen eine Rente aus, die es ihm erlaubt, sich frei aller finanziellen Sorgen seinen Forschungen zu widmen. 1807 wird er ordentlicher Professor der Mathematik an der Universität Göttingen und Direktor der dortigen Sternwarte. Er veröffentlicht das grundlegende Werk der modernen Zahlentheorie, die »Untersuchungen über höhere Arithmetik«, und stellt die Astronomie mit seiner »Theorie der Bewegung der Himmelskörper« auf eine neue Grundlage. Im Auftrag des Königshauses vermisst er das Land und

entwickelt dabei eine geographisch exakte Methode – seinen Studien zum Erdmagnetismus verdankt sich die Erfindung des elektromagnetischen Telegraphs, mit dem sich Informationen in Sekundenschnelle über die Erde verbreiten lassen.

Heute ist Carl Friedrich Gauß Braunschweigs »berühmtester Sohn«. Die nach ihm benannte Straße befindet sich am Botanischen Garten, ein großes Standbild schmückt den »Gaußberg« nahe der Technischen Universität.

Hoffmann von Fallersleben

Als der Dichter 1998 seinen 200. Geburtstag feierte, nahm man in den deutschen Feuilletons nur wenig Kenntnis davon. Viele Deutsche singen die von ihm getexteten Lieder, doch der Name des zugehörigen Autors ist ihnen unbekannt. Zu Joseph Haydns Melodie »Gott erhalte Franz den Kaiser« schrieb Hoffmann von Fallersleben auf Helgoland 1841 das »Lied der Deutschen«, das durch Reichspräsident Friedrich Ebert am 11. August 1922 zur deutschen Nationalhymne erklärt wurde.

Doch nicht mit Liedern dieser Art hat er sich das Geld zum Leben und auch für den von ihm so geschätzten Wein verdient, sondern vor allem mit quickfidelen Kinderliedern. Einige hundert hat er gedichtet, darunter so bekannte wie »Morgen kommt der Weihnachtsmann«, »Alle Vögel sind schon da« und »Kuckuck, Kuckuck, ruft´s aus dem Wald«. Und auch das folgende, von dem hier die erste Strophe in Erinnerung gerufen werden soll:

»Ein Männlein steht im Walde
ganz still und stumm,
es hat von lauter Purpur
ein Mäntlein um.
Sagt, wer mag das Männlein sein,
das da steht im Wald allein
mit dem purpurroten Mäntelein.«

Freilich war nicht alles, was er schrieb, harmlos und versponnen. Gerade in seinen angeblich doch »unpolitischen Liedern« gab er sich als politischer Dichter und Vorkämpfer der Demokratie zu erkennen. Er war ein Gegner jeder Form von Zensur und focht mit spitzer Feder gegen die Vorrechte des Adels.

»Das alte Lied, das alte Lied,
das ewige Lied vom Unterschied:
Wer nicht des Staates Glauben hat,
an den auch glaubet nicht der Staat.

Du ewig Lied vom Unterschied,
du altes unausstehlich Lied!
Wann beugt noch Engel, Mensch
und Vieh vor einem einzigen Gott
das Knie?«

So etwa lautet der Text eines seiner
»unpolitischen« Lieder, verfasst am
28. Mai 1840. Die Veröffentlichung
brachte ihm Beifall vom einfachen
Volk, doch den Herrschenden trieb
die Lyrik Zornesröte ins Gesicht.
1842 verlor der Dichter seine Bres-
lauer Professur und zog, politisch
verfolgt, von Versteck zu Versteck,
bis er 1848 vom preußischen König rehabilitiert wurde. Später ar-
beitete er in Weimar und Corvey
als Bibliothekar.

➤ F. Gerstäcker

Friedrich Gerstäcker

»Was mich so in die Welt hinaus-
getrieben? – Will ich aufrichtig
sein, so war der, der den ersten
Anstoß dazu gab, ein alter Bekannter von uns allen, und zwar nie-
mand anders als Robinson Crusoe.
Mit meinem achten Jahr schon
fasste ich den Entschluss, ebenfalls
eine unbewohnte Insel aufzusu-
chen, und wenn ich auch, heran-
gewachsen, von der letzteren ab-
sah, blieb doch für mich, wie für
tausend andere, das Wort 'Amerika' eine gewisse Zauberformel, die
mir die fremden Schätze des Erd-
balls erschließen sollte.« So schreibt
Friedrich Gerstäcker (1816–72) kurz
vor seinem Tod. Viele Jahre hat er
in Amerika verbracht – freilich
nicht in komfortablen Hotels und

auch nicht in großen Städten.
Immer wieder trieb es ihn in die
Wildnis hinaus – dorthin, wo das
Leben noch unerforscht war, zu
den »weißen Flecken« der Landkar-
te. Mit den Pionieren zog er in die
Wälder von Arkansas und hielt
ihren harten Alltag detailliert fest
– nicht als distanzierter Beobach-
ter, sondern als Gruppenmitglied.
Nichts entging seinem neugierigen
Blick: Er schrieb von der Jagd und
der Zubereitung der Mahlzeiten,
vom Bau eines Blockhauses, vom
Gerben des Leders und dem Nä-
hen von Patchwork-Decken. So
genau hielt er Feste, Hochzeiten
und Todesfälle fest, dass der ame-
rikanische Historiker Clarence
Evans in den 50er-Jahren aufgrund
der Lektüre der Texte nachweisen
konnte, welche Orte der Deutsche
knapp hundert Jahre zuvor be-
schrieben hatte. Zum Dank wurde
Gerstäcker posthum zum Ehren-
bürger von Arkansas gemacht, und
Bill Clinton, damals noch Gouver-
neur dieses Bundesstaats, bestimm-
te seinen Geburtstag, den 10. Mai,
zum »Gerstaecker Day«.
Kam Friedrich Gerstäcker von seinen Reisen zurück, verbrachte er

71

die meiste Zeit in Braunschweig, jener kleinen deutschen Residenzstadt, die er in seinem Roman »Im Eckfenster« (dort heißt sie Rhodenburg) so bilderreich vorgestellt hat. Der Roman kreist um Liebe und Leidenschaft, Mord und Erbschleicher und wurde jüngst von der Gerstäcker-Gesellschaft (Tel. 0531-350189) neu herausgegeben. Dem Autor ist auch ein Museum im Braunschweiger Schloss Richmond gewidmet (>S. 64), worin sämtliche Erstausgaben seiner Bücher ausgestellt sind. Einige seiner Romane, vor allem »Flusspiraten am Missisipi« und »Regulatoren in Arkansas«, erzielten Höchstauflagen und haben das Bild, das sich die Deutschen im 19. Jahrhundert von Amerika machten, entscheidend geprägt. Im Museum sieht man auch viele Reisemitbringsel des Autors: Masken, Waffen und Kunsthandwerk.

> W. Raabe

Wilhelm Raabe

»Braunschweig, von alters her berühmt durch Heinrich den Löwen, den Heldenherzog Friedrich Wilhelm, Wurst und Honigkuchen. Neuerdings durch Spargel und – Wilhelm Raabe.« Als der Autor dies schrieb, war ihm längst ein fester Platz in der deutschen Literaturgeschichte sicher, als »Humanist mit unbestechlichem Blick für Heuchelei und soziales Elend« wird er noch heute gewürdigt.
Geboren 1831 in Eschershausen als Sohn eines Justitiars, zieht er nach

dem frühen Tod des Vaters mit seiner Familie nach Wolfenbüttel. Schon früh interessiert er sich für Kunst und Literatur, fügt sich aber anfangs dem Wunsch der Mutter, »etwas Vernünftiges« zu lernen. So beginnt er in Magdeburg eine Arbeit als Buchhändler, an der er, wie er später schreibt, »fast zugrunde gegangen wäre«, wenn er sich nicht »durch einen kühnen Sprung gerettet hätte«. Hinter dem »kühnen Sprung« verbirgt sich die Aufgabe der sicheren Buchhändlerposition und der Umzug ins umtriebige Berlin, wo er philosophisch-historische Vorlesungen belegt. Schon zwei Jahre später veröffentlicht er seinen ersten Roman, die »Chronik der Sperlinggasse«: eine einfühlsame Studie des sozialen Elends in Berlin und eines der besten Dokumente des poetischen Realismus. Vom Erfolg ermutigt wagt Raabe die Existenz als freier Schriftsteller. Erst lässt er sich in seinem Heimatort Wolfenbüttel nieder, zieht dann nach Stuttgart und weiter nach Braunschweig. Vor allem eine Frage beschäftigt ihn stets aufs neue: Wie ist es für den Einzelnen möglich, in einer korrupten Gesellschaft moralisch zu leben? Dabei entwirft er schrullige Einzelgängerfiguren, die an den Verhältnissen scheitern – in seinen frühen Werken (z.B. »Der Hungerpastor« 1864) überwiegen Pessimismus und Kulturkritik, in der Braunschweiger Zeit (ab 1870) macht der eingeblendete Humor die Kritik bekömmlich. Raabe ergeht es – »dank dem Sparkassenbuch meiner Frau«, wie er schreibt, – bedeutend besser als seinen literarischen Helden. Er ist nicht auf den erfolgreichen Verkauf seiner Bücher angewiesen und kann ohne Rücksicht aufs Publikum auch ein paar kritische Gedanken zu Papier bringen. Zu den wichtigsten Romanen seiner Braunschweiger Zeit gehören »Pfisters Mühle« (1884), »Das Odfeld« (1888) und »Die Akten des Vogelsangs« (1896). Er stirbt am 15. November 1910 und wird auf dem Braunschweiger Hauptfriedhof beigesetzt. Heute wird das Haus in der Leonhardstraße, in dem er seine letzten Jahre verbracht hat, als biographisches Museum genutzt. Die umfangreiche Privatbibliothek des Dichters befindet sich in der Stadtbücherei, an die eine Raabe-Forschungsstelle angeschlossen ist.

Ricarda Huch

»Der Frühling kommt wieder
mit Wärme und Helle,
Die Welt wird ein Blütenmeer.
Aber in meinem Herzen ist
eine Stelle,
Da blüht nichts mehr.« (R. Huch)

1864 wird Ricarda Huch als drittes Kind des brasilianischen Kaufmanns Richard Huch und seiner Frau Emilie in Braunschweig geboren. Schon im Alter von 19 Jahren macht sie zum ersten Mal von sich reden – doch nicht als Schriftstellerin, sondern als Hauptakteurin in einem Familiendrama: Im gleichen Jahr, da ihre Mutter stirbt, verliebt sie sich in ihren Cousin Richard Huch, der zu diesem Zeitpunkt schon vier Jahre mit Lily, ihrer vier Jahre älteren Schwester verheiratet ist. Auf die Dauer kann die Beziehung zwischen den beiden nicht verheimlicht werden. Um einen Skandal zu vermeiden, schickt sie der Vater 1886 nach Zürich, wo sie das Studium der Geschichte und Philosophie aufnimmt. Die Schweizer Stadt ist zu jener Zeit der einzige Ort Europas, an dem Frauen ein ordentliches Studium absolvieren dürfen. Ricarda besteht das Diplomexamen für das höhere Lehramt (1890), promoviert ein Jahr später mit einer Arbeit zur Geschichte der Schweiz, bekommt als erste Frau eine Anstellung bei der Zürcher Stadtbibliothek und wird Lehrerin an einer Mädchenschule. Doch das Gefühl, eine erfolgreiche Frau zu sein, stellt sich nicht ein. Denn als »Ausländerin ohne Heimatschein« fühlt sie sich als Bürgerin zweiter Klasse, das Stigma des »Intellektuellen«, noch dazu eines weiblichen, verschließt viele Türen in dem ihr vertrauten Milieu. Mit ihrem Cousin trifft sie sich weiter zu heimlichen Reisen, schreibt unter einem Pseudonym Liebesgedichte, später auch erste Erzählungen und Dramen.

Mit 32 Jahren verlässt sie Zürich und übernimmt eine Stelle als Deutsch- und Geschichtslehrerin im Bremer Gildemeister-Institut. Nun aber, da Braunschweig nahe ist, häufen sich die Auseinandersetzungen mit ihrem Geliebten. Er trennt sich von ihr, worauf sie beschließt, nach Wien zu gehen und sich ganz der Schriftstellerei zu widmen. 1898 heiratet sie den italienischen Zahnarzt Ermanno Ceconi, gebiert ihm eine Tochter und folgt ihm erst nach Triest, dann nach München. Sie hält Vorträge, verfasst historische Werke und den bekannten Roman »Aus der Triumphgasse«, der im Armenviertel von Triest spielt. 1905 kommt es zu neuerlichen Kontakten zwischen ihr und Richard Huch. Als der Zahnarzt ein Verhältnis mit ihrer Nichte eingeht, lässt sie sich von ihm scheiden, und auch Richard Huch entdeckt nun endlich Gründe, sich von seiner Frau Lily zu trennen. Er heiratet Ricarda, die somit nach 21-jährigem »Exil« nach Braunschweig zurückkehrt. Doch die in so vielen ihrer Gedichte beschworene »absolute Liebe« erweist sich schon bald als Fiktion. Alltagskonflikte untergraben das Miteinander, die Braunschweiger Gesellschaft macht dem Skandalpaar das Leben zur Hölle. 1910 wird die Ehe geschieden und Ricarda Huch geht wieder nach München. Nach historischen Arbeiten über den italienischen Befreiungskampf erscheint ab 1912 ein dreibändi-

➤ R. Huch

ges Werk über den Dreißigjährigen Krieg. Zwar fühlt sie, wie sie auch später immer wieder betont, »durchaus national«, doch distanziert sie sich von den »hässlichsten populären Instinkten«, die im August 1914 »unter der Maske patriotischer Begeisterung« aufleben und kommentiert Deutschlands Niederlage 1918 mit den Worten: »Wenn etwas Lebendiges, Großes untergeht – selbst wenn sein Leben und seine Größe weit zurückliegen – sollte man Ehrfurcht vor dem Tragischen empfinden.«

Auch in den Folgejahren wechselt sie oft ihren Wohnort, forscht und schreibt u.a. über den Anarchisten Bakunin, erhält die akademische Ehrenbürgerwürde in München, wird Trägerin des Goethepreises der Stadt Frankfurt und als erste Frau Mitglied in der Preußischen Akademie der Künste (1926). Doch schon im April 1933 tritt sie aus: Das von Gottfried Benn verfasste Treuegelöbnis gegenüber dem NS-Staat mag sie nicht unterschreiben; ihre Haltung begründet sie mit der Hetze gegen jüdische Kollegen und dem Ausschluss Alfred Döblins. Nach dem misslungenen Attentat im Juli 1944 plant die »Rebellin des

Gewissens« ein Buch über den deutschen Widerstand, kann es aber nicht mehr vollenden. Wenige Wochen nach ihrer Ernennung zur Ehrenpräsidentin des ersten deutschen Schriftstellerkongresses stirbt sie am 17. November 1947 an den Folgen einer Lungenentzündung.

Ina Seidel

»Daß Braunschweig so zauberhaft war, lag wohl daran, daß sich hier alte und neue Zeit in einer Harmonie durchdrangen, wie ich es nirgend woanders in Deutschland angetroffen zu haben meine.«
Die Schriftstellerin Ina Seidel (1885–1974) hat in Braunschweig neun Jahre ihrer Kindheit verbracht. Zu ihrem Vater, der selbstständiger Arzt in Braunschweig war, hat Ina nie ein besonders enges Verhältnis entwickelt. Sie beschreibt ihn später als »genialen Diagnostiker« und »Kunstliebhaber«, während sie an der Mutter deren »Pflichtbewusstsein während der früh geschlossenen Ehe« preist: sie war »von einem ängstlichen Eifer erfüllt, immer das Gute und Richtige zu tun«.
Als ihr Vater 1895 freiwillig aus dem Leben scheidet, zieht Ina mit der Mutter und ihren jüngeren Geschwistern erst nach Marburg, dann nach München, wo sie das Abitur macht und sich zur Sprachlehrerin für Englisch ausbilden lässt. 1907 heiratet sie ihren Vetter, den Pfarrer und Schriftsteller Heinrich Wolfgang Seidel und

folgt ihm nach Berlin. Ein Jahr später kommt eine Tochter zur Welt, doch Ina Seidel bleibt aufgrund einer Wochenbettinfektion acht Monate ans Bett gefesselt und ist danach für den Rest ihres Lebens gehbehindert.
Ab 1910 beginnt sie zu schreiben; sie verfasst romantische, religiös geprägte Naturgedichte. Im Ersten Weltkrieg kommen patriotische Trostgedichte, bald auch erste Prosaarbeiten dazu. Der Roman »Das Labyrinth« (1922) kreist um das Leben des Danziger Naturforschers und Weltreisenden Georg Forster und enthält viele autobiographische Momente. »Das Wunschkind« (1930) beleuchtet vor dem Hintergrund der geschichtlichen Phase von 1793 bis 1913 eine Mutter-Sohn-Beziehung und impliziert eine scharfe Abgrenzung gegen »seelenlose«, »erotisierend-triebhafte« Frauen, die ihrer natürlichen Bestimmung zur Mütterlichkeit nicht gehorchen. Nationalistisches Pathos blinkt durch viele Passagen des Werks, etwa in der Verwendung des Bildes vom Baum, »den eine deutsche Mutter im Namen unzähliger Schwestern zur Ehre und zum Gedächtnis gefallener deutscher Söhne gepflanzt hat«. Geburt, Tod und Wiedergeburt – ein natürlicher Kreislauf, aus dem für die deutsche Nation Hoffnung erwächst. Ina Seidels Engagement für Deutschtum, Mütterlichkeit und Religion bildet eine Gegenkraft gegen die aufklärende, sozialistisch inspirierte Frauenbewegung in den Jahren der Wei-

marer Republik. Und so überrascht es nicht, dass die Autorin die Übernahme der Macht durch Adolf Hitler 1933 begrüßt und im Oktober zusammen mit 87 Schriftstellerkollegen ein Treuegelöbnis ablegt – trotz vorausgegangener Bücherverbrennung und des Ausschlusses von Schriftstellern jüdischer Herkunft aus dem Schriftstellerverband.

Ina Seidel braucht kein Publikationsverbot zu fürchten, sie erweist sich als getreue Wegbereiterin der völkisch-nationalsozialistischen Ideologie und erträumt im Roman »Lennacker« (1938) die Erhebung des gesamten Volkes »im Dienst eines großen Gedankens«.

Im April 1939 feiert sie den 50. Geburtstag des Führers Adolf Hitler mit pathetisch-romantischen Versen (die sie später bedauerte):
In Gold und Scharlach, feierlich mit Schweigen,
ziehen die Standarten vor dem Führer auf.
Wer will das Haupt nicht überwältigt neigen?
Wer hebt den Blick nicht voll Vertrauen auf?
Ist dieser Dom, erbaut aus klarem Feuer,
nicht mehr als eine Burg aus Stahl und Stein,
und muß nicht ein Heiligtum, uns teuer,
ewigen Deutschtums neues Sinnbild sein?

Ina Seidel wird Mitglied des Ehrensenats des Reichsverbandes Deutscher Schriftsteller und erhält 1941 den Grillparzer-Preis der Stadt Wien. Anfang 1945 erscheint die neunte Auflage des Romans »Das Wunschkind« – zu diesem Zeitpunkt sind bereits 450.000 Exemplare verkauft.

Im Mai 1945 ist der nationalsozialistische Traum endgültig zerstört – sie bereut ihre Verharmlosung des Faschismus (*Michaela*, 1959) und klagt sich ihrer opportunistischen Haltung wegen an (›Ich gehörte zu diesen Idioten‹), aber da hat sie schon kein Publikum mehr.

Zunächst aber setzt sich die Erfolgsgeschichte ihrer Romane nach Kriegsende fort. 1948 zeichnet sie die Stadt Braunschweig mit dem Raabe-Preis aus, 1954 wird ihr das Bundesverdienstkreuz verliehen. Vier Jahre später erhält Ina Seidel, inzwischen auch Mitglied der Berliner Akademie der Künste, als »Hüterin unvergänglicher Werte« den großen Kunstpreis des Landes Nordrhein-Westfalen.

Die Naturmystik bleibt ihr wichtigstes Stilmittel, sie lässt sich feiern als »zurückhaltende« und »christliche« Autorin, man rühmt die »Bewegung des fraulichen Geistes«, ihre Stellungnahme »gegen eine allzu vermännlichte, zerdachte, vertechnisierte Welt der Ratio als des einhelligen Ordnungsprinzips unseres Lebens«. Erst mit der Studentenbewegung von 1968 beginnt auch die Germanistik das bis dahin positive Bild von Ina Seidel zu korrigieren und wagt sich an die »dunklen« Seiten ihrer Biographie heran. 1974 ist die Autorin in Schäftlarn bei München gestorben.

Sightseeing
in Gifhorn

Gifhorn

Die Kleinstadt am Südrand der Heide, 35 km nördlich von Braunschweig, wird von Ise und Aller umspült. Ihrer Lage am Schnittpunkt wichtiger Handelsrouten, der von Lüneburg nach Braunschweig führenden Salzstraße und der Kornstraße von Celle nach Magdeburg, verdankt sie ihren Aufschwung als mittelalterliche Handelsstadt. Ein Herzog der weit verzweigten Welfen-Dynastie ließ sich in Gifhorn im 16. Jahrhundert ein Schloss errichten – aus dieser Zeit stammen auch die meisten Fachwerkhäuser der Altstadt. Hauptattraktion Gifhorns ist ein in Europa einmaliges Freilichtmuseum, das in malerischem Gelände »echte« Wasser- und Windmühlen zeigt.

Sehenswertes

Als Ausgangspunkt eines Stadtrundgangs empfiehlt sich die Touristeninformation im neuen Rathaus am Marktplatz. Nachdem man sich dort mit aktuellen Broschüren versorgt hat, geht man rechts hinüber zum Osteck des Platzes, wo sich im Cardenap 1–3 das **Alte Rathaus (1)** befindet. Der schmucke Fachwerkbau stammt aus dem Jahr 1562 und be-

➢ Rechts:
In der Gifhorner Innenstadt

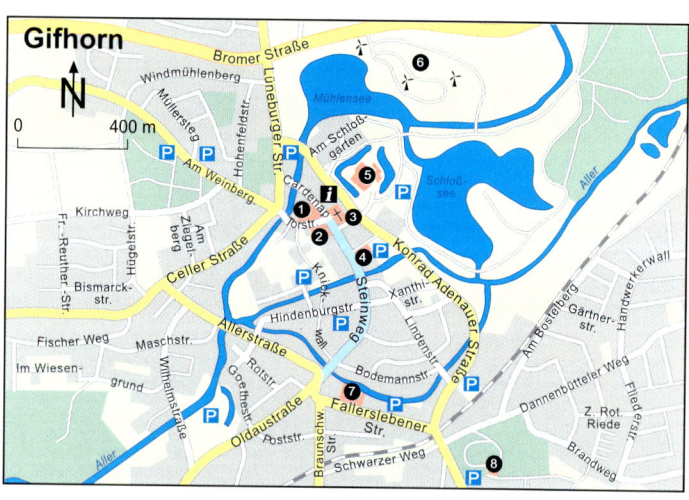

➤ Das alte Rathaus (1562) wird heute als Ratsweinkeller genutzt

herbergt heute ein Restaurant mit schönen Holzschnitzereien. Aus der gleichen Zeit stammt das **Hö-fersche Haus (2)** auf der gegen-überliegenden Straßenseite. Höfer war ein Kaufmann, der im Beklei-dungs- und Schuhgeschäft tätig war. Mit einem über dem Eingang eingeschnitzten Bibelpsalm erbat er göttlichen Segen.

Nächstes Ziel ist die **St.Nicolai Kirche (3)**, ein schlichter Barock-bau, der mit einer üppig verzier-ten Orgel aus der Christian-Vater-Manufaktur überrascht. Zwei Häu-ser weiter folgt das **Kavalierhaus (4)**, das sich ein leitender Hof-beamter 1540 erbauen ließ und das heute als Museum besichtigt wer-den kann. Zur Straße zeigt es sich mit Treppengiebel und Renaissance-Fassade, zur Rückseite mit mächtigem Fachwerk aus Eichenbalken. 1997 erwarb der Landkreis Gifhorn das Haus, in dem die letzte Besitzerin über 70 Jahre gelebt hatte. Mit seinen alten Möbeln und Gemälden ist es ein typisches Dokument bürgerlicher Wohnkultur aus der ersten Hälfte des 20. Jahrhunderts. Besucher werden durch alle sechs Wohnräume geführt, dazu kommen Bad, Küche und Speisekammer, Vorratskeller und Dachboden.

♦ Kavalierhaus/Museum für
  bürgerliche Wohnkultur,
  Steinweg 3, jeden letzten So
  im Monat um 11 Uhr (Mai–
  September), Anmeldung über
  Tel. 05371/82483

Über die schmale Kavalierstweete gelangt man zur Straße, quert sie und folgt dem Fußweg geradeaus zum **Schloss (5)**. Der helle Renaissancebau wurde 1525 erbaut und war von 1539–1545 Residenz des Herzogs Franz von Braunschweig und Lüneburg. Heute beherbergt

➢ Oben: Lädt ein zur Einkehr:
Das Gifhorner Brauhaus

➢ Mitte: Der alte Kornspeicher

➢ Folgende Doppelseite
Das Renaissance-Schloss

➢ Unten: Giforn als Merian-Stich von 1657

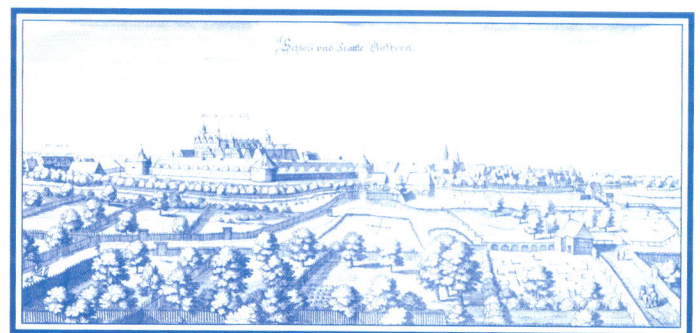

85

er das Historische Museum der Stadt mit Exponaten von der Frühgeschichte bis zur Gegenwart. Sehenswert ist vor allem die Schlosskapelle, in der hochkarätige Kirchenkunst ausgestellt ist. Das Spektrum reicht von der Rethener Kreuzigungsgruppe, einem Meisterwerk der Spätgotik von Levin Storch, bis zum expressiven Altarbild »Der ungläubige Thomas« von Johannes Grützke. Übers ganze Jahr verteilt finden im Schloss Konzerte und Ausstellungen statt, einmal im Jahr auch Festspiele mit theatralischen Einlagen.

➧ Schloss/Historisches Museum, Konrad-Adenauer-Str., Di–Fr 14–18, Sa–So 11–17 Uhr

➢ Oben: Die Schlosskapelle im Gifhorner Schloss

➢ Unten: Die Schlossfestspiele sind immer ein Publikumsmagnet

Durch den Schlosspark spaziert man in knapp 20 Minuten zum **Internationalen Wind- und Wassermühlenpark (6)** inmitten eines 10 Ha großen, von Kanälen und Seen durchzogenen Parks. Im Mittelpunkt steht ein Fachwerkbau am Seeufer, in dem über 40 Modelle von Wind- und Wassermühlen aus aller Welt ausgestellt sind – sämtlich im Miniaturformat und geschaffen vom Designer Horst Wrobel. Man erfährt hier Interessantes zur Geschichte der Müllerei und den technischen Unterschieden zwischen den einzelnen Mühlentypen. Auf dem Freigelände stehen bis heute elf Mühlen, bei denen es sich vorwiegend um Rekonstruktionen handelt: u.a. der Nachbau einer Mühle aus dem schottischen Dumfries, eine kalkweiße, strohgedeckte Windmühle von der griechischen Insel Mykonos, eine ukrainische Korsun-Schewtschenkiwski und eine ungarische Schiffsmühle. Wie diese bezieht auch die Tiroler Wassermühle ihre Energie aus Wasserkraft: Sie ist aus massiven Lärchenstämmen gezimmert und erinnert mit Satteldach und kleinem Glockenstuhl an eine Bergkirche. Die portugiesische Mühle präsentiert sich mit typischen »Buzinas«: an Spannseilen befestigten Tongefäßen, durch die beim Drehen der Flügel der Wind pfeift. Das Pfeifkonzert

➢ Rechts: Malerisch gelegen und viel besucht ist das Mühlenmuseum

war freilich nicht als Begleitmusik für den hart arbeitenden Müller gedacht, sondern hatte praktischen Nutzen. Anhand der unterschiedlichen Töne konnte er die Drehgeschwindigkeit der Flügel »heraushören« und je nach Windstärke mehr oder weniger Segel aufspannen. Aus Spanien, dem Land, in dem Don Quijote zum vergebli-

➤ Don Quichote
kann nicht weit weg sein ...

Mühlen-Passion

Die Idee kam Horst Wrobel 1965 bei einem Besuch der Mühle in Abendrode bei Braunschweig, der einzigen in Deutschland, die noch in Betrieb war. Das jahrhundertealte Mahlwerk, das mächtige Hebezeug und der windbetriebene Aufzug faszinierten ihn so sehr, dass der gelernte Designer beschloss, sich ein originalgetreues Mini-Modell »fürs Wohnzimmer« zu bauen. Nach drei Monaten war das Stück vollendet und Wrobel hatte ein neues Hobby entdeckt: In jeder freien Minute tüftelte er fortan an weiteren Modellen, darunter »exotischen« Exemplaren wie der ersten südafrikanischen Kappenwindmühle, die 1573 nach Plänen von Leonardo da Vinci erstellt worden war. Es dauerte nicht lang, da war das Haus vollgestopft mit Modellen, und Wrobels Ehrgeiz suchte ein neues Ziel. Warum nicht das, was ihm in Kleinform so gut gelungen war, auch in Originalgröße herstellen? Bald war mit der Stadt Gifhorn der Deal perfekt, und der Künstler konnte mit der Arbeit beginnen. Im Laufe vieler Jahre entstand der heutige Park mit einem Dutzend Mühlen, drei Bauernhäusern und einer ganz aus Holz gezimmerten russisch-orthodoxen Kirche.

chen »Kampf gegen die Windmühlen« antrat, wurde eine mächtige ockerfarbene Mühle nach Gifhorn gebracht. In der aus Frankreich stammenden Turmmühle mit spitzem, auffällig rotem Kegeldach hat der Schriftsteller Alphonse Daudet sein halbes Leben verbracht (1840–97); in seinem Buch »Briefe aus meiner Mühle« hat er ihr ein literarisches Denkmal gesetzt. Gleichfalls im Park ausgestellt ist die berühmte Mühle aus dem Schlosspark von Sanssouci – einst feilschte der preußische König mit »seinem« Müller um ihren Erlös.

Ein mächtiges Niedersachsenhaus ist die gastronomische Attraktion des Parks. Denn hier kann man nicht nur sehen, wie aus Mehl Brot geformt und in einem holzgefeuerten Steinofen gebacken wird, sondern sich auch von der Qualität der Backwaren selbst überzeugen: Zur Wahl stehen frisches Brot, Streusel- und Butterkuchen.

Die Kirche des »Dorfes« liegt etwas abseits, fast am Waldrand. Mit ihren blauen und goldenen Kuppeln, Zwiebeltürmen und »schiefen« Kreuzen fällt sie aus dem rustikalen Rahmen und erscheint märchenhaft. Das Original stammt aus dem russischen Suzdal und ist dem hl. Nikolaus geweiht – die Gifhorner Version ist ein Nachbau des 1756 errichteten Gotteshauses. Aus 400 m³ Lärchenholz wurde die Kirche in mühevoller Kleinarbeit konstruiert, wobei Bauherr Peter Wrobel über den Erfindungsgeist der russischen Bauern staunte: »Obwohl wir in der heutigen Zeit über moderne Holzbearbeitungsmaschinen, über Kräne und andere technische Hilfsmittel verfügen, stellte der Bau der Kirche für alle Beteiligten eine große Herausforderung dar und bereitete uns viel Kopfzerbrechen. Wenn man sich vor Augen hält, dass die alten Kirchenbauer, die ja zum größten Teil Bauern waren, mit ihren Händen, geringen Mitteln und einfachen

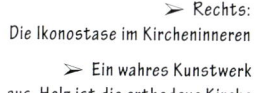

➤ Rechts:
Die Ikonostase im Kircheninneren

➤ Ein wahres Kunstwerk aus Holz ist die orthodoxe Kirche

Werkzeugen einen so prachtvollen Bau errichten konnten, dann gebührt ihnen allerhöchste Anerkennung.« Auch im Innern der Kirche staunt man über die geleistete Arbeit. Der bis zur Kuppelspitze offene Raum wirkt so imposant, dass man glaubt, sich in einer Kathedrale und nicht in einer kleinen Dorfkirche zu befinden. Überaus prächtig ist die Ikonostase – jene Wand, die den Laien- vom Priesterraum trennt – verkleidet mit vergoldeten Bildern, die Szenen aus dem Neuen Testament darstellen. Auch die übrigen Wände sind behängt mit Ikonen, laut russisch-orthodoxer Auffassung »Fenster« in die jenseitige Welt. Der Gläubige, hungrig nach mystischer Offenbarung, versenkt sich in ihren Anblick und öffnet seine Seele für die aus den Bildern zu ihm sprechende Schönheit. Auch im Untergeschoss gibt es einiges zu bestaunen: Öllampen und Leuchter, liturgische Gewänder und Taufgefäße stammen sämtlich aus der Manufaktur des Moskauer Patriziats. Übrigens wurde die Kirche 1995 höchst persönlich vom Moskauer Patriarchen geweiht und ist damit das fünfte Gotteshaus der russisch-orthodoxen Diözese Deutschland.

⚐ Internationaler Wind- und Wassermühlenpark, Bromer Str. 2, www.muehlenmuse-um.de, tgl. 10–18 Uhr (15. März bis 31. Oktober), außerdem 1. November bis 21. Dezember Sa–So 10–16 Uhr, für die Besichtigung der russischen Kirche wird zusätzlicher Eintritt berechnet

Im Süden Gifhorns entsteht eine weitere Touristenattraktion: Im **Traumland (7)** werden märchenhafte Miniaturwelten rund um die Puppe inszeniert. Von dort kommt man in nur wenigen Minuten zum **Aussichtsturm (8)**, einem alten Wasserturm, der auf der Sanddüne des Katzenbergs 90 m emporragt. Wer nicht gut zu Fuß ist, kann einen gläsernen Lift benutzen. Oben angekommen, wird man mit einem weiten Ausblick in alle Himmelsrichtungen belohnt, bei guter Sicht reicht er bis zum Harz und zum Elm. Fürs leibliche Wohl sorgt ein Panorama-Café, am Fuß des Turms gibt es eine Außenterrasse im Schatten von Aleppo-Kiefern.

➤ Vorige Doppelseite:
  Das Mühlenmuseum aus der Luft

➤ Rechts:
  Im Mühlenmuseum gibt
  es auch »normale« Fachwerkbauten

Ein Zentrum für Otter

In Hankensbüttel (bei Gifhorn) wurde 1988 Europas erstes Otter-Zentrum eingerichtet: auf über 3 km langen (auch für Rollstuhlfahrer geeigneten) Wegen kann man einen Einblick in das 6 ha große Freigelände der bedrohten Tierart bekommen. Das ganze Jahr über finden hier zahlreiche Veranstaltungen rund um den Otter, aber auch zum Thema Naturschutz statt. Zu sehen gibt es ebenfalls die nächsten Verwandten der Fischotter: Dachse, Marder, Hermeline und die vom Aussterben bedrohte Hunderasse der Otterhunde. In zahlreichen, nicht nur für Kinder geeigneten, Lernspielen bekommt man Informationen über die im Otter-Zentrum gepflegten Tiere.

➤ Aktion Fischotterschutz e.V.
Otter-Zentrum
29386 Hankensbüttel,
Tel. 05832/98080, Fax 980851
afs@otterzentrum.de

➤ Im Otter-Zentrum kann man die gefährdeten Tiere in ihrem natürlichen Lebensraum beobachten

➤ Links:
»Fütterung der Raubtiere«

Sightseeing
in Goslar

Goslar

Die alte Kaiserstadt liegt am Nordrand des Harzes am Fuße des 636 m hohen Rammelsbergs. Mit ihren bunten Fachwerkhäusern und kopfsteingepflasterten Gassen, Kirchen und Türmen präsentiert sie sich als mittelalterliche Bilderbuchstadt, die – anders als etwa Braunschweig oder Hildesheim – im Zweiten Weltkrieg unversehrt blieb. Zusammen mit ihrem 1000-jährigen Erz- und Silberbergwerk wurde sie 1992 zum Weltkulturerbe der UNESCO erklärt.

Die Geschichte der Stadt, die ihren Namen vom Harzfluss Gose ableitet, ist eng mit dem Bergwerk verknüpft. 968 wurden im Rammelsberg Blei- und Kupfererze mit hohem Silbergehalt entdeckt, die unermesslichen Reichtum versprachen. Es dauerte nicht lang, da begann sich der deutsche Kaiser Heinrich II. für das Eldorado zu interessieren. Er erwählte Goslar zur Kaiserpfalz, d.h. zu einer seiner Residenzen, von denen aus das Reich regiert wurde. Von 1009–1253 fanden insgesamt 23 Reichstage in Goslar statt, das sich zu einer der bedeutendsten Städte je-

➤ Vorige Doppelseite:
  Die Kaiserpfalz in Goslar

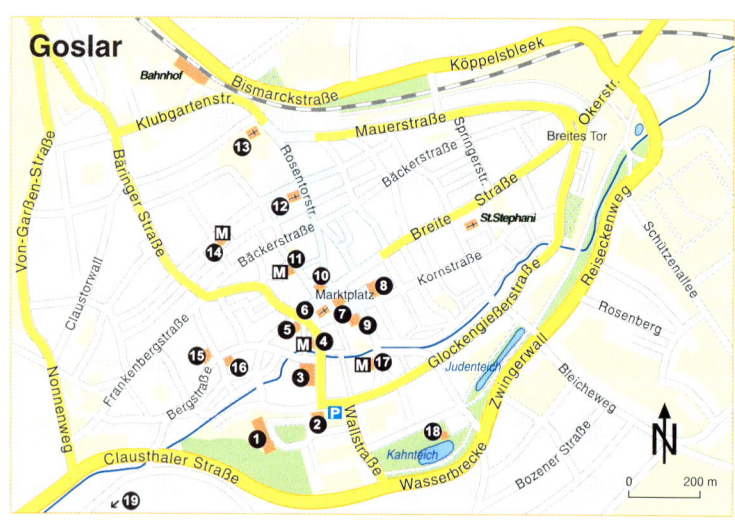

ner Zeit entwickelte. Die Kaiser stifteten zahlreiche Kirchen und Klöster, die mit ihren Türmen die Silhouette Goslars bestimmten. Für die chronisch lungenkranken Bergarbeiter, die das kostbare Erz aus dem Berg schlugen, wurden Spitäler eingerichtet.

Ab 1180 wurde die Stadt wiederholt in Auseinandersetzungen zwischen Welfen und Staufern einerseits sowie Kaisermacht und sächsischen Herzögen andererseits verwickelt. Der profitable Metallhandel und der Münzgewinn aus dem Silber ebneten Goslar 1281 den Weg in die Hanse. 1320 erlangte sie den Status einer freien Reichsstadt und war fortan befreit von adeliger Bevormundung. Der regierende Rat setzte sich aus Vertretern der reichen Kaufmannschaft und der Handwerkerzünfte zusammen. In ihrer Blütezeit zum Ende des 15. Jahrhunderts besaß die Stadt 19 Erzgruben und 26 Hütten sowie 47 Kirchen, Klöster und Kapellen; mit 12.000 Einwohnern war sie eine der größten Städte Europas.

Bei der Bildung der Territorialstaaten geriet der Goslarer Rat in Streit mit den Braunschweiger Herzögen. 1552 musste er das Bergrecht, das ihm die Schürfrechte für den Rammelsberg zusprach, an den Herzog abtreten, womit der wirtschaftliche Niedergang Goslars besiegelt war. Statt der formal schlichten, aber teuren Steinbauten sattelte man nun auf billigere, aus Holz erbaute Fachwerkhäuser um, deren mindere Qualität durch opulente Fassaden kaschiert wurde. Die dadurch erzielte »architektonische Pracht«, die Besucher noch heute erstaunen lässt, stellt somit realiter einen »Abstieg« dar.

Sehenswertes

Bester Startpunkt zur Erkundung von Goslar ist die auf einer Anhöhe gelegene **Kaiserpfalz (1)**, von der man fast die gesamte Altstadt überblickt. Sie wurde im frühen 11. Jahrhundert erbaut und gehört mit ihrer breit gelagerten Arkadenfassade zu den eindrucksvollsten mittelalterlichen Großbauten in Deutschland. Die beiden kolossa-

➤ Blick auf die Pfalz – hier noch ohne die Reiterstandbilder von 1900

len, vor der Burg postierten Reiterstandbilder sind eine Zutat aus dem Jahr 1900: Sie zeigen Friedrich I. Barbarossa, der Goslars letztem Reichstag vorstand, und Wilhelm den Großen, der ein düsteres Kapitel imperialer deutscher Geschichte eröffnete. Mit welcher Inbrunst sich das neu gegründete Deutsche Reich auf die Ritter und Recken des Heiligen Römischen Reiches bezog, belegen auch die Wandmalereien von Hermann Wislicenus im großen Thronsaal. Sie zeigen den Fall des mittelalterlichen Reiches und seine neuzeitliche Wiederauferstehung am Ende des 19. Jahrhunderts, wobei der begleitende Dornröschenzyklus das Thema von »Schlafen« und »Erwachen« variiert. Über einen Arkadengang gelangt man in die Pfalzkapelle St. Ulrich, wo in einem steinernen Sarkophag das herausgeschnittene Herz von Kaiser Heinrich III. (reg. 1039–56) ruht – die übrigen sterblichen Überreste des Herrschers wurden im Dom

zu Speyer beigesetzt. Wer sich für das mittelalterliche Wanderkönigtum interessiert, steigt ins Gewölbe der Pfalz hinab, wo eine Ausstellung über das frühe Deutsche Reich Auskunft gibt.

▶ Kaiserpfalz, Kaiserbleek 6, tgl. 12–16, im Sommer bis 17 Uhr

Unmittelbar gegenüber der Kaiserpfalz stand der zeitgleich erbaute »Dom« (2). 1819 wurde er wegen angeblicher Baufälligkeit abgebrochen, nur die kapellenartige Vorhalle ließ man stehen. Enttäuscht zeigte sich Heinrich Heine, als er auf seiner »Harzreise« in Goslar Station machte: »Ich hatte von dem uralten Dom und von dem berühmten Kaiserstuhl zu Goslar viel gelesen. Als ich aber beides besehen wollte, sagte man mir: der Dom sei niedergerissen und der Kaiserstuhl nach Berlin gebracht worden. Wir leben in einer bedeutungsschweren Zeit: tausendjährige Dome werden abgerissen, und Kaiserstühle in die Rumpelkammer geworfen.« Was Heine nicht ahnen konnte: Schon 1871, als Kaiser Wilhelm I. das zweite deutsche Reich aus der Taufe hob, wurde der Kaiserstuhl, ein Steinpodest mit rankenverzierten Bronzelehnen, aus der historischen Rumpelkammer wieder herausgeholt. Nach dem Fall des dritten Reiches gelangte er nach Goslar zurück und steht nun im Restdom fast genau an jenem Ort, der ihm knapp tausend Jahre zuvor zugedacht war.

▶ »Dom«, Kaiserbleek, tgl. 9–16, im Sommer bis 17 Uhr

Der Hohe Weg, über den einst die Kaiser zur Pfalz ritten, führt über den Fluss in die Altstadt. Unterwegs lohnt ein Halt im **Spital Großes Heiliges Kreuz (3)**, einem mächtigen Steinhaus mit hohem, schiefergedecktem Satteldach. 1254 als Armenhospital errichtet, beherbergt es heute ein Kunsthandwerkerzentrum mit Ateliers und Verkaufsräumen. Nahebei öffnet das kleine **Puppen- und Musikinstrumentenmuseum (4)**. Schmuckstück der Straße ist jedoch das **Brusttuch-Haus (5)**, dessen äußerst steiler Giebel die Blicke der Besucher auf sich zieht. Es ist ringsum von einer Fachwerkbrüstung umgeben, auf der mittelalterliche Schnitzer ihrer Phantasie freien Lauf ließen. Man sieht griechische Götter und biblische Gestalten, Dämonenfratzen und brave Bürger. Mit von der Partie

ist die derbe »Butterhanne«, eine Magd am hölzernen Fass, die mit entblößtem Hinterteil den Teufel fernhält, auf dass er ihre Butter nicht versauern lässt.

▶ Spital Großes Heiliges Kreuz, Hoher Weg 7, Mo–Fr 10–17, Sa 10–16 Uhr

▶ Puppen- und Musikinstrumentenmuseum, Hoher Weg 5, tgl. 11–17 Uhr

Direkt gegenüber dem »Brusttuch« ragt die **Marktkirche St. Cosmas und Damian (6)** auf. Goslarer Bürger haben sie im 12. Jahrhun-

➤ Das reich verzierte Brusttuch-Haus in Goslar

dert errichtet, wobei sie so groß geriet, dass sie den Dom in den Schatten stellte. Zur äußeren Wucht passt der durch Säulen gegliederte Innenraum: Er ist licht und weit, wirkt mit seinen kahlen Wänden fast asketisch.

♦ Marktkirche St. Cosmas und Damian, Marktplatz, Mo–Fr 10–12, 14.30–16.30, Sa 10–12 Uhr

Von der Kirche sind es nur wenige Schritte zum Marktplatz, dem Mittelpunkt der Altstadt mit stimmungsvollen Terrassencafés. In seiner Mitte steht ein Brunnen mit dem goldenen Reichsadler, dem Wappentier der Freien Reichsstadt. Der Vogel richtet seinen Blick zum gotischen, um 1450 entstandenen **Rathaus (7)**. Mit seinen Arkaden, spitzbogigen Fenstern und Maßwerkgiebeln erscheint es als schlichte Ausgabe des Braunschweiger Gegenstücks. Prächtiger präsentiert es

➣ Glocken- und Figurenspiel am Marktplatz

sich im Innern: Der ehemalige Sitzungsraum, feierlich »Huldigungssaal« genannt, ist vom Boden bis zur Decke mit Malereien geschmückt, die zu den bedeutendsten Beispielen mittelalterlicher Innendekoration gehören. Während an den Wänden abwechselnd Kaiser und Sybillen in farbenprächtigen Gewändern dargestellt sind, wird an der Decke Christi Geburt geschildert. Alle weiteren Räume sind für Besucher nicht zugänglich, doch findet sich im Gewölbe der obligatorische Ratskeller, der – passend zum mittelalterlichen Ambiente – deftige Speisen anbietet.

♦ Rathaus, Marktplatz, tgl. 9–16, im Sommer bis 17 Uhr

Gegenüber dem Rathaus, der politischen Machtzentrale, steht die **Stadtkämmerei (8)**. Im Giebel erscheint ein Glocken- und Figurenspiel, das die Bergbaugeschichte von Goslar illustriert: Ritter Ramm erscheint mit seinem Pferd, das mit seinen Hufen die erste Silberader freilegt; Bergarbeiter fahren in den Stollen, beleuchten den hölzernen Gang mit einer Funzel und lösen das Silber mit einer Axt aus dem Felsgestein.

♦ Stadtkämmerei, Marktplatz, Glockenspiel tgl. 9, 12, 15 und 18 Uhr

Doch nicht Rathaus oder Stadtkämmerei sind die architektonischen »Perlen« am Platz, sondern

➤ Historischer Blick auf den Marktplatz

das Gildehaus der Gewandschneider, die einst zu den reichsten Bürgern Goslars zählten. Werbewirk-
sam wird das Haus **Kaiserworth
(9)** genannt, wobei »Worth« freilich nichts anderes als »bebautes
Grundstück« bedeutet. Die auffällig rote Fassade kontrastiert mit
den blau gerahmten Fenstern und
dem grauen Satteldach; der Mittel-
erker mit aufgesetztem Helm wird
von nicht weniger als zehn kleineren »Ausgucken« flankiert. Der
Clou des Hauses aber sind die in
Nischen stehenden Kaiserstatuen,
die mit ihrer bunten Bemalung
und statischen Postur wie eine Pa-
rodie auf die kaiserliche Würde
erscheinen. Nicht zufällig erinner-
ten sie Heinrich Heine an »gebra-
tene Universitätspedelle« mit Zepter und Schwert. Noch derber ist
das links neben den Arkaden »versteckte« Dukatenmännchen: Statt
stinkiger Exkremente presst es aus
seinem Hinterteil gold glänzende

Münzen – eine etwas bösartige An-
spielung auf den Reichtum der
Gilde.

▶ Kaiserworth, Markt 3
(Hotel & Café)

Nicht nur die Gewandschneider,
auch die Schuster und Lohgerber
hatten in Goslar ihren Treff- und
Versammlungsort. Man entdeckt
das **Schuhmachergildehaus (10)**
auf dem nördlich angrenzenden
Schuhhof gegenüber einer Zeile
mittelalterlicher Krambuden. Weiter gelangt man über die enge
Münzstraße zur »Alten Münze«
und dem »Weißen Schwan«, einer
ehemaligen Poststation aus dem
Jahr 1644. Ein **Zinnfigurenmuseum (11)** illustriert anhand 100
naturalistischer Szenen die Geschichte Goslars en miniature. Da

➤ Folgende Doppelseite:
Luftansicht des Marktplatzes **105**

> Fachwerkromantik in der Peterstraße

sieht man das Bergwerk mit Schächten unter Tage, Pferde, die Karren aus der Tiefe des Berges ziehen, und die Erzverarbeitung in Hütten. Andere Dioramen zeigen Goslar in der Zeit seiner Blüte, besonders gelungen ist eine Hochzeitsgesellschaft aus dem frühen 16. Jahrhundert vor dem Haus Brusttuch.

▶ Zinnfigurenmuseum,
  Münzstr. 11, tgl. 10–17 Uhr

Von den einst 47 Kirchen der Stadt blieben bis heute 23 erhalten. Eine davon ist die **Jakobikirche (12)** aus dem 11. Jahrhundert. Der ursprünglich romanische Bau wurde durch spätere An- und Umbauten stark verändert, sein kostbarstes Stück ist eine expressive Pietá aus dem Jahr 1515.

▶ Jakobikirche, Jakobikirchhof,
  tgl. 8.30–16.30, im Sommer
  bis 17 Uhr

Über die Rosentorstraße gelangt man zu einer weiteren Kirche, die sich Benediktinermönche 1180 unter dem Namen »Maria im Rosengarten« erbauten. In der Reformationszeit wurde das zugehörige Kloster abgebrochen und der Name verändert: Neuzeitlich-neutral heißt sie seitdem **Neuwerk Kirche (13)** und gilt als Paradebeispiel spätromanischer Architektur. Mit ihren hoch aufschießenden Türmen, Säulen und Rundbögen dominiert sie den Nordrand der Altstadt.

▶ Kirche Neuwerk, Rosentorstr.,
  tgl. 9–18 Uhr (April–September)

➤ Blick in den Innenhof des Siemenshauses

Über fachwerkgesäumte Gassen gelangt man zum stattlichen **Mönchehaus**. Es beherbergt das **Museum für moderne Kunst (14)**.
Wechselnde Ausstellungen machen mit zeitgenössischer Kunst vertraut, jährlicher Höhepunkt ist die Schau zur Verleihung des »Kaiserrings« für herausragende Maler und Bildhauer. Geehrt wurden bereits Henry Moore und Max Ernst, Richard Serra und Cindy Sherman, deren Werke im Museum dauerhaft ausgestellt sind. Im Gewölbekeller sieht man außerdem Installationen von Anselm Kiefer und Günther Uecker sowie Christos Verhüllungsobjekt »Package on a Hunt« zur Rammelsberger Bergbaugeschichte. Im Garten setzt sich die Kunstgalerie fort. Neben Eichen von Beuys stehen Spiegelobjekte von Bonato, im Wind bewegen sich kinetische Skulpturen.

♦ Mönchehaus/Museum für moderne Kunst, Mönchestr. 1/ Ecke Jakobistr., Di–Sa 10–17, So 10–13 Uhr

Das 1692 erbaute **Siemenshaus (15)**, Stammsitz der späteren Industriellenfamilie, vermittelt mit seiner Diele, der angeschlossenen Brauerei und dem großen Innenhof einen Eindruck von bürgerlicher Wohnkultur. Etwa aus der gleichen Zeit stammt die **Alte Börse (16)**. Sie wird heute als Hotel genutzt, ihre Fassade ist mit Sonnenrosetten und Spruchbändern geschmückt.

♦ Siemenshaus, Schreiberstr. 12, Di und Do 9–12 Uhr
♦ Alte Börse, Bergstr. 53

➤ Die Übertageanlagen des Bergwerks Rammelsberg

Wer sich für die historische Entwicklung der Stadt interessiert, findet im **Goslarer Museum (17)** Abteilungen zur Ur- und Frühgeschichte, zum Bergbau und den »Geheimnissen unter der Erde«. Selbst die kurze sozialrevolutionäre Epoche der »Reichsbauernstadt« und der Harztourismus kommen nicht zu kurz. Im »Domraum« sind Kostbarkeiten aus Goslars abgebrochenen Kirchen ausgestellt, darunter der Krodo-Altar, ein Meisterwerk romanischer Bronzekunst.

◗ Goslarer Museum, Königstr. 1, Di–So 10–17 Uhr (März–Oktober), in der Winterzeit eine Stunde früher geschl.

Das **Museum im Zwinger (18)**, zeigt hinter 6 m dicken Wänden Waffen, Rüstungen und Foltergeräte.

◗ Museum im Zwinger, Thomasstr. 2, www.zwinger.de, tgl. 9–16, im Sommer bis 17 Uhr

Knapp 1 km südlich der Stadt befindet sich das zweite UNESCO-Welterbe von Goslar: das **Bergwerk Rammelsberg (19)**. Über 1000 Jahre haben hier Bergleute kostbares Erz – oft unter Einsatz ihres Lebens – heraufgeholt, insgesamt 27 Millionen Tonnen, dazu große Mengen von Silber und Kupfer. Seit die

Preussag AG das Bergwerk 1988 schließen ließ, ist es ein Museum, das ober- und unterirdisch besichtigt werden kann. Am Berg sieht man terrassenförmig errichtete Bauten, die mit ihrer Holzverschalung, den Satteldächern und feinen Fenstern sehr eindrucksvoll wirken. Fritz Schupp hat sie 1935–42 in einer für die NS-Zeit typischen Romantisierung des Produktionsprozesses entworfen, indem er Industrie und Harznatur in Einklang zu bringen versuchte. Doch hinter idyllischen Fassaden verbergen sich gewaltige Apparaturen: Backenbrecher, die Erz zu feinsten Körnern zermahlen, Flotationsanlagen zum Trennen der Mineralbestandteile und raumgroße Schwerspateindicker, in deren Innern Besucher in den Prozess der Erzverarbeitung eingeweiht werden. Noch faszinierender ist das Abtauchen in die Tiefen des Berges. Wie der Weimarer Bergwerkskommissar Goethe, der sich von seinem Besuch am 5. Dezember 1777 zu den düstersten Passagen von Faust II. inspirieren ließ, steigt man in die ewige Dunkelheit der Stollen hinab...

▶ Bergwerk Rammelsberg (mit Bergbaumuseum), Bergtal 19, www.rammelsberg.de, tgl. 9–18 Uhr, Führungen stdl. ab 9 Uhr, letzte Führung 16.30 Uhr

Sightseeing
in Halberstadt

Halberstadt

An einem einzigen Tag schienen über 1000 Jahre Geschichte ausgelöscht: Nach dem Angriff alliierter Bomber am 8. April 1945 versank Halberstadt in Schutt und Asche. Erst mit der »Modellstadtplanung« Ende der 90er-Jahre wurde der Wiederaufbau abgeschlossen: Heute sieht man wieder die hoch aufragenden Türme des Doms und der Liebfrauenkirche, die Fachwerkhäuser der historischen Altstadt, kopfsteingepflasterte Straßen und malerische Winkel. Halberstadt macht einen geschäftigen, wohlhabenden Eindruck. Zusammen mit dem Harz im Süden und dem Höhenzug des Huy im Norden ist es ein beliebtes Ausflugsziel in Sachsen-Anhalt.

Halberstadt zählt zu den ältesten Orten der Region. Im Jahr 804 gründete hier Karl der Große einen Bischofssitz, von dem aus die kurz zuvor eroberten Sachsen christianisiert wurden. In der Folge profilierten sich die Halberstädter Bischöfe als die mächtigsten im Reich, ihr Einfluss reichte von Braunschweig im Westen bis weit ins heutige Sachsen-Anhalt im Osten. Sie unterstrichen ihre herausragende Stellung durch monumentale Kirchen, residierten standesgemäß in Palästen und prächtigen Kurien. Erst mit den Glaubenskonflikten im Dreißigjährigen Krieg schwand ihre Macht dahin, Halberstadt wurde ein weltliches Fürstentum und dem Haus Brandenburg zugeschlagen.

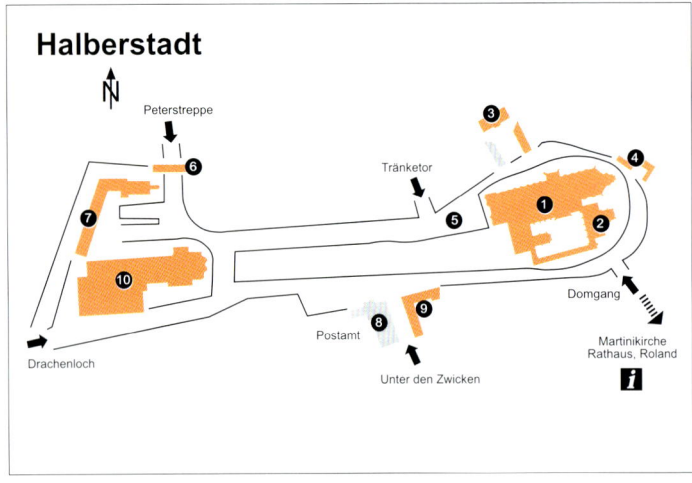

Sehenswertes

Herzstück der Stadt ist der weitläufige Domplatz, auf dem alle politischen Kundgebungen, Feste und Märkte stattfinden. Seit dem Jahr 804 steht er im Zeichen des **Doms St. Stephanus (1)**, der mit seinen gewaltigen Doppeltürmen die Stadt überragt. Die Kirche, die man heute sieht, ist freilich nicht ganz so alt, denn sie ist der bereits dritte an dieser Stelle errichtete Bau (1236–1491). Hier strebt alles nach oben: die dicht aneinander postierten Pfeiler mit lebensgroßen Heiligenfiguren an den Konsolen, die hellen Gewölbe und die Spitzbogenfenster. Auch der Lettner, der den Chor- vom Laienraum trennt, fügt sich in die aufstrebende Form. Gekrönt wird er von einer Kreuzigungsgruppe, die mit ihrer Ausdruckskraft zu den wichtigsten Skulpturen des deutschen Hochmittelalters zählt. Weitere Kostbarkeiten findet man im **Domschatz** im Kreuzgang nebenan, darunter byzantinische Elfenbeintafeln, ägyptische Kristallflaschen, goldene und silberne Reliquien.

▶ Dom St. Stephanus, Domplatz 16-A, Mo–Fr 10–17, Sa 10–16.30, So 11–16 Uhr (im Sommer So 11–17 Uhr

▶ Domschatz, nur im Rahmen einer Führung zu besichtigen: Di–Fr 10, 11.30, 14, 15.30, Sa 10, 12, 14, So 11.30, 14.30 Uhr; im Winter nur Di–So 11.30 und 14.30, Sa–So zusätzlich 13 Uhr

Unmittelbar hinter der Kirche entdeckt man einen vorbildlich restaurierten Fachwerkbau: das **Gleimhaus (2)**, in dem der Domsekretär und Dichter gleichen Namens lebte, ist heute ein Literaturmuseum. Johann Wilhelm Ludwig Gleim

➤ Historische Blicke ins Innere des Doms

(1719–1803), der mit vielen schreibenden Zeitgenossen in Kontakt stand, trug im Lauf seines Lebens eine große Porträtgalerie seiner Kollegen zusammen. Heute sind im »Club der toten Dichter« 135 deutsche Aufklärer des 18. Jahrhunderts vereint. Die Palette reicht von Lessing und Klopstock über Herder und Jean Paul bis zu Seume und Moritz. Zugleich geben Handschriften, Briefe und Bücher Auskunft über die Porträtierten. Im modernen Anbau, wo sich Gleims historische Bibliothek befindet, finden wechselnde Kunstausstellungen statt.

▶ Gleimhaus, Domplatz 31, Mo–Fr 9–16, im Sommer bis 17 Uhr, Sa–So ganzjährig 10–16 Uhr

In einer ehemaligen Kurie, gleichfalls an der Nordseite des Platzes, führt das **Städtische Museum (3)** in die Geschichte Halberstadts ein.

➤ Das Gleimhaus

Der Bogen reicht von der karolingischen Gründung 804 bis zur Wiedervereinigung 1989. Ein Zinnfiguren-Großdiarama und eine originale Apotheke »bebildern« den Alltag von anno dazumal. In einem Seitenflügel befindet sich das **Museum Heineanum (4)**; es ist nach Ferdinand Heine (1809–94) benannt, der Deutschlands größte Vogelsammlung zusammentrug: 27.000 Exponate, zumeist Skelette und ausgestopfte Vögel, aber auch Vogelbälge und Gelege. Dazu sind die mit Abstand ältesten Stadtbewohner, zwei »Halberstädter Saurier«, ausgestellt.

▶ Städtisches Museum, Domplatz 36, Di–Fr 9–17 Uhr, Sa–So 10–17, im Sommer Sa–So bis 18 Uhr

▶ Museum Heineanum, Domplatz 37, Di–Fr 9–17 Uhr, Sa–So 10–17, im Sommer Sa–So bis 18 Uhr

Vor dem Dom sind **Steine der Erinnerung (5)** in den Boden gerammt. Sie markieren jenen Ort, an dem 1942 die Juden von Halberstadt zusammengetrieben wurden, um in Konzentrations- und Vernichtungslager deportiert zu werden. Eine andere Bewandtnis hat es mit dem **Teufelsstein (6)** nahebei: Laut Legende soll der aus vorchristlicher Zeit stammende Findling dämonische Kräfte bannen.

➤ Rechts:
   Die Liebfrauenkirche

Jüdisches Halberstadt

Einst war die jüdische Gemeinde von Halberstadt eine der größten und wichtigsten in Mitteldeutschland. Sie hatte viel dem »Hofjuden« Berend Lehmann (1661–1730) zu verdanken, der für die Höfe Preußens, Sachsens und Hannovers tätig war und seine guten Kontakte dazu nutzte, die Lage der Juden in Deutschland und Polen zu verbessern. Das Vermögen, das er als Geschäftsmann erworben hatte, spendete er seinen Glaubensgenossen. So zahlte er Schutzgeld für arme Juden, damit sie in Halberstadt eine sichere Bleibe fänden. 1696 ließ er den Talmud drucken und kostenlos überall im Land verteilen. Vier Jahre später gründete er eine der schönsten Barocksynagogen Deutschlands – dank üppig fließender Gelder sorgte er dafür, dass sie sich zur einer Stätte jüdischer Gelehrsamkeit entwickelte. Sie stand im Zentrum des jüdischen Wohnviertels, das sich nordwestlich des Domplatzes rings um die Judenstraße erstreckt. Die Nationalsozialisten haben sie dem Erdboden gleich gemacht, doch erstaunlicherweise die angrenzende, gleichfalls von Lehmann gestiftete Klaussynagoge verschont. Seit 1995 beherbergt der hohe, ziegelrote Bau mit einem Fachwerkflügel die Erich-Simon-Bibliothek und die Moses-Mendelssohn-Akademie, die sich als internationale Begegnungsstätte versteht. Der eigentliche Synagogenraum mit dem Beth Hamidrasch, dem klassischen Studierzimmer, ist Teil des 2001 gegründeten Berend Lehmann Museums, das die »Grundlagen des Judentums« erläutert. Eine Dependance befindet sich in der ehemaligen Mikwe, dem wiedererrichteten Ritualbad in der Judenstraße. Dort erfährt man nicht nur, welch zentrale Rolle die Mikwe im religiösen Leben der Juden spielt, sondern man wird in einer Ausstellung auch mit der Lebenssituation der jüdischen Minderheit im Laufe von Halberstadts Geschichte konfrontiert. So erfährt man, dass die Bischöfe ab dem 12. Jahrhundert viele Juden anwarben, um sich deren Know-how im Handwerk und Finanzwesen zunutze zu machen. Beleuchtet wird auch die Zeit relativer Toleranz nach 1648 unter den preußischen Königen, die jüdische Aufklärung und ihre Gegenströmung in Form der Neoorthodoxie, die Assimilation der Juden im 19. Jahrhundert und ihre Vernichtung unter den Nationalsozialisten. Eine Porträtgalerie historischer Fotos entreißt Dutzende Halberstädter Bürger der Vergessenheit. Den kleinen Rundgang könnte man im Museums-Café Hirsch (Bakenstr. 56) beschließen. Es ist nach einer jüdischen Unternehmensfamilie benannt, die mit Kupfer- und Messinghandel zu Wohlstand gelangte. Eine gute Adresse ist auch die auf jüdische Themen spezialisierte Buchhandlung (Judenstr. 25).

❱ Berend Lehmann Museum, Im Rosenwinkel 18 & Judenstr. 25/26, Tel. 03941/606710, mma-halberstadt@t-online.de, So–Do 9–17, Fr 9–14 Uhr, Sa nur nach Vereinbarung; angeboten werden auch zweistündige Führungen durch das jüdische Halberstadt

An der Südseite des Platzes steht die wuchtige **Dompropstei (7)**, ein auf steinernen Arkaden ruhender Fachwerkbau von 1611. Nachdem er in städtische Hand übergegangen war, hielt die Halberstädter Regierung hier ihre Versammlungen ab und feierte rauschende Feste.

Kaum weniger imposant als der Dom ist die ihm gegenüber platzierte **Liebfrauenkirche (8)**. Mit ihren vier Türmen dominiert sie die Westseite des Platzes. Sie wurde 1005 von Bischof Arnulf gestiftet und beeindruckt durch ihren weiten, durch hohe Säulen gegliederten Innenraum. Als besondere Kostbarkeit gelten die Chorschrankenreliefs, die um 1200 entstanden und in fast realistischer Manier Maria und Christus umringt von Aposteln zeigen. Sehenswert ist auch der sich südlich der Kirche anschließende Kreuzgang mit Grabtafeln von Bischöfen und reichen Bürgern. Im Schatten der Kirche stehen der ehemalige Bischofspalast **Petershof (9)**, ein wuchtig-gotischer Bau, und daran angrenzend die **Bibliothek (10)**, die im Jahr 2000 als »schönste Deutschlands« ausgezeichnet wurde.

- Liebfrauenkirche, Domplatz 46, tgl. 10–17 Uhr, Führungen tgl. 13 Uhr

- Stadtbibliothek, Domplatz 49, Mo–Di, Do–Fr 10–18, Sa 10–13 Uhr

➤ Oben:
Der Roland am Halberstädter Rathaus

➤ Unten: Die »schönste
Bibliothek Deutschlands« im Jahr 2000

119

Sightseeing
in Helmstedt

Helmstedt

Bis zum Fall der Mauer kannte man Helmstedt bestenfalls als Transitstation auf der Fahrt nach Berlin: eine Hochsicherheitszone, in der man wenig Lust verspürte, auf Sightseeing-Trip zu gehen. Mittlerweile ist die jüngste Geschichte museumsreif, das Zonengrenz-Museum erinnert an die beiden hermetisch voneinander abgeriegelten deutschen Staaten BRD und DDR. Obwohl Helmstedt keine Grenzstadt mehr ist, hängt ihr das negative Image von früher nach wie vor an. Die meisten, die auf der A 2 von Hannover nach Berlin unterwegs sind, fahren achtlos an ihr vorbei und auch die Zugreisenden bleiben im Bahnhof Helmstedt lieber in ihrem komfortablen ICE-Polster sitzen. Dabei hat die ehemalige Hanse- und Universitätsstadt einiges zu bieten: eine ansehnliche Altstadt mit viel Fachwerk, die schlossartige *Academia Julia* und einen attraktiven Landschaftspark zwischen Lappwald und Elm.

Bereits um 798 gründete der später heilig gesprochene Benediktiner St. Ludger eine Missionstati-

➤ Vorige Doppelseite:
Die ehemalige Universität: das Juleum

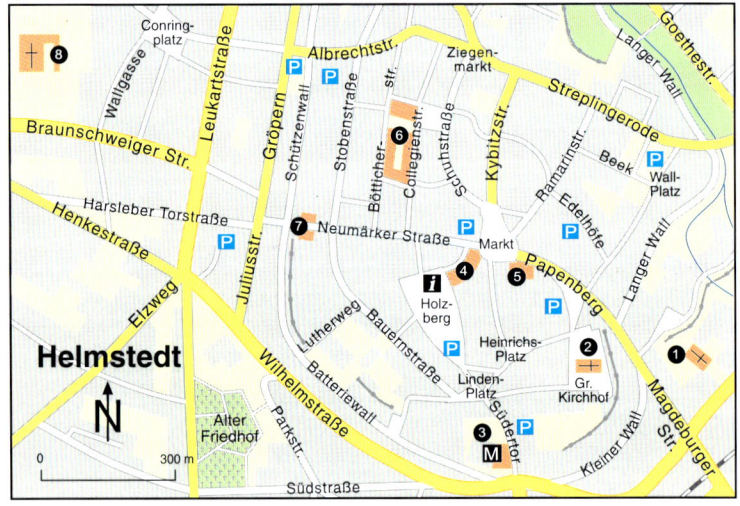

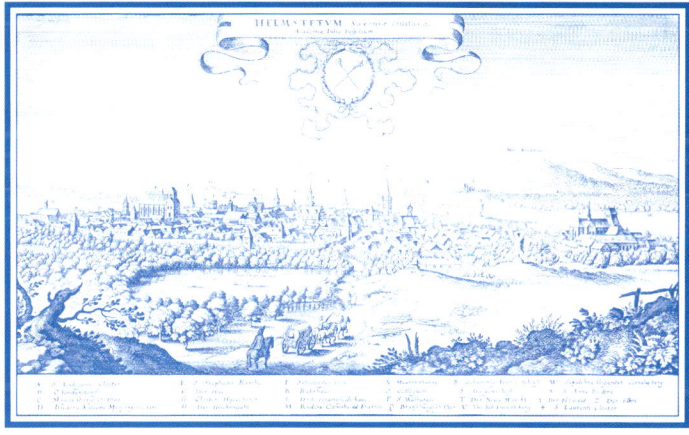

➤ Helmstedt auf einem Merian-Stich, 1657

on zur Bekehrung der östlich lebenden Sachsen. Aus dieser ging später ein Kloster hervor, in dessen Schatten die Siedlung »Helmonstede« entstand. Dank ihrer günstigen Lage an der Route von Braunschweig nach Magdeburg rückte sie zu einer wichtigen Handelsstadt auf und trat der Hanse bei. 1490 schwand der Einfluss der Klosterbrüder – Helmstedt fiel in die Hand der Welfen. Einer von ihnen, Herzog Julius, gründete im 16. Jahrhundert die Academia Julia, die erste Universität Niedersachsens, die zeitweilig zu den wichtigsten in Deutschland gehörte. Bis zu ihrer Auflösung auf napoleonischen Beschluss 1810 dominierte sie das Leben der Stadt. Aus dieser Zeit stammen auch die schönsten Gebäude, die allesamt in der ovalförmigen, von einer Promenade eingefassten Altstadt liegen.

Sehenswertes

Keimzelle der Stadt ist das **Benediktinerkloster St. Ludgeri (1)** knapp südöstlich der ehemaligen Stadtmauer. Seit der Komplex durch eine Straße und Bahnlinie durchschnitten ist, hat er an Attraktivität eingebüßt. Das Konventsgebäude beherbergt heute eine katholische Begegnungsstätte, besichtigt werden kann jedoch – nach telefonischer Voranmeldung – der im Rokoko-Stil gestaltete »Kaisersaal«. Gleichfalls anschauen kann man die Doppelkapelle aus dem frühen 11. Jahrhundert und die Ludgerikirche mit der Felicitas-Krypta.

◗ Kloster St. Ludgeri,
Am Ludgerihof; Kaisersaal
Mo–Fr 10–17 Uhr
(Tel. 05351/6186), Innenhof,
Kirche und Kapelle tgl. 9–18
Uhr

Rundfahrt Grenzenlos

Die dreistündige »Rundfahrt Grenzenlos« startet jeden vierten Samstag im Monat (aber nur von Mai–Oktober) um 14.45 Uhr am Zonengrenzmuseum. Was heute »grenzenlos« scheint, war früher ein »eiserner Vorhang«, Teil eines Sicherungssystems, das zu den strengsten der Welt gehörte. Mittlerweile sind Sperrbezirk, Stacheldrahtverhau und Todesstreifen verschwunden, nur hier und da sieht man noch – wie Fossile inmitten der Landschaft – die Wachtürme aus Beton.

Erste Station ist die »Gedenkstätte Deutsche Teilung« am ehemaligen Grenzübergang bei Marienborn: ein Freilichtmuseum der ungewöhnlichen Art mit einer weiten, von Scheinwerfermasten überragten Betonfläche. Am Rande stehen Stasi-Quartiere, Zoll- und Abfertigungshallen, Rampen und Hundezwinger. Ein Dokumentationszentrum informiert über diesen Teil der deutschen Geschichte .

Zweite Station ist eine 9 m aufragende Figur an der A 2. Aus martialischen Steinquadern erwachsen ineinander verschlungene Hände. Die Skulptur mit dem Namen »La voute des mains« ist ein Werk des französischen Künstlers Josep Castell und zugleich ein Symbol für die deutsche Wiedervereinigung.

Dritte Station der Rundfahrt ist Hötensleben, wo auf einer Fläche von 6,5 Ha die Grenze im Originalzustand belassen wurde: ein gestaffeltes Warn- und Kontrollsystem, hinter dem sich die Mauer mit Führungs-

turm auftut. Dahinter befand sich bis 1989 eine 5 km breite Sperrzone, deren Bewohner auch von östlicher Seite nur Besuch erhalten durften, sofern eine schriftliche Genehmigung der DDR-Behörden vorlag.

▸ Rundfahrt Grenzenlos, jeden 4. Sonntag im Monat und am 3.10., Abfahrt jeweils um 14.45 Uhr am Zonengrenzmuseum in Helmstedt, Tel. 05351/17178, Fax 17175, www.stadt-helmstedt.de

Auf dem Papenberg, nur ein paar Schritte entfernt, erbauten im 12. Jahrhundert die Bürger ihr eigenes Gotteshaus, die **Stephanikirche (2)**. Ihr Schutzpatron, der hl. Stephanus, ist am Nordportal in Stein geschlagen. Gegenüber steht das einstige Armenhaus der Gemeinde, gleich daneben das Beguinenhaus von 1580 mit einem geschnitzten Fächerfries im Giebel. Über die Beguinenstraße gelangt man zum Holzberg, einem weitläufigen, von Fachwerkhäusern gesäumten Platz, auf dem jeden Mittwoch- und Samstagvormittag der Wochenmarkt stattfindet.

> Stephanikirche, Großer Kirchhof 6, Mo–Fr 9–16, Sa 9–12 Uhr

Südlich des Platzes entdeckt man in einem klassizistischen Palast das 1994 eröffnete **Zonengrenz-Museum (3)**, in dem die jüngste deutsche Geschichte aufbereitet ist. Fotos, Modelle und lebensgroße Inszenierungen erinnern an die Sperrzone. Die Ausstellung »Grenzkunst« zeigt, wie unterschiedlich Künstler aus dem Osten und Westen die Grenze wahrnahmen. Wer es authentischer mag, kann in den Sommermonaten an der »Rundfahrt Grenzenlos« teilnehmen.

> Zonengrenz-Museum, Südertorstr. 6, Tel. 1211133, Mo geschlossen, Eintritt frei; auf Anfrage werden historische Dokumentarfilme gezeigt

Über den Holzberg gelangt man zum rings von Giebelhäusern gesäumten Markt, der vom 1904 erbauten **Rathaus (4)** dominiert wird. Mit seinen Erkern, Giebeln und Türmchen fügt es sich bestens in die mittelalterliche Stadtarchitektur ein. In dem schönsten der am Markt versammelten Häuser, dem sogenannten **Hoflager des Herzogs Julius (5)**, hat sich der Regent bei seinen Besuchen in Helmstedt einquartiert. Das Haus ist an der dunkel gebeizten Holzfassade erkennbar, in die Allegorien von Tugend und Laster eingeschnitzt sind.

Über die Neumärker Straße, die verkehrsberuhigte Geschäftsmeile von Helmstedt, kommt man ins ehemalige Universitätsviertel. Längs der Collegien- und der Böttcherstraße reihen sich die Professorenhäuser aneinander. Tafeln verraten die Namen der einstigen illustren Bewohner. So liest man an der Collegienstr. 7, einem breit gelagerten Fachwerkbau: »Hier wohnte auf unstetem Lebenswege um 1550 der für das moderne Weltbild wegweisende Philosoph Giordano Bruno

➤ Das Hoflager Herzog Julius

126

10 Jahre vor seinem Ketzertod in Rom.« Die Professoren hatten es nur wenige Schritte zur **Julius-Universität (6)**, einem schlossartigen, Ende des 16. Jahrhunderts vom Hofarchitekten Paul Francke entworfenen Renaissancebau. Die beiden hellgrauen, turmgekrönten Längsflügel lenken den Blick auf das kupferrote, alles überragende Hauptgebäude. Das Portal wird durch einen schlanken Turm und flankierende Schaugiebel betont. Die darauf postierten Figuren stellen Philosophie und Theologie, Medizin und Jurisprudenz dar, jene vier Fakultäten, die in Helmstedt gelehrt wurden. Heute ist die einstige *Academia* Helmstedts Kulturzentrum: Im *Auditorium Maximum* finden Konzerte statt, die Bibliothek im Obergeschoss beherbergt 30.000 Titel aus alten Universitätsbeständen. Im Kellergewölbe, wo die Studenten ihre Trinkstube hatten, informiert das Kreis- und Universitätsmuseum über die Geschichte der Alma Mater.

▶ Julius-Universität/Kreis- und Universitätsmuseum, Collegienplatz 1, Di–Fr 10–12, 15–17, Sa–So 15–17 Uhr, Eintritt frei

➤ Rechts: Blick in die Fußgängerzone mit dem Hausmannsturm

➤ Links: Das Rathaus

Zurück auf der Neumärker Straße geht man nach Westen und passiert den wuchtigen **Hausmannsturm (7)**, das einzig erhaltene der ehemals vier Stadttore. Es hatte einen »Hausmann«, sprich: einen Wächter, der bei drohender Gefahr ins Horn blies. Heute wird an die alte Tradition angeknüpft; jeden Samstag um 12 Uhr ertönt der »Hornschall«, der lautstark den Beginn des Wochenendes verkündet.

Wer Lust hat, erklimmt jetzt noch den westlich aufragenden Hügel, auf dem das **Kloster St. Marienberg (8)** thront. 1174 von Nonnen des Augustinerordens bezogen, wird es seit der Reformation von einem evangelischen Damenstift genutzt. In der Kirche haben sich beiderseits des Eingangs schöne mittelalterliche Fresken erhalten. Das Kloster, erreichbar über einen

Kreuzgang, beherbergt die soge-nannte Paramenten-Werkstatt, in der nach alter Kirchentradition gestickt und gewebt wird. In der benachbarten Schatzkammer kann man textile Kostbarkeiten aus ver-gangenen Jahrhunderten bewun-dern, darunter bestens restaurier-te liturgische Gewänder aus dem 13. Jahrhundert.

Quellen inzwischen versiegt, doch geblieben ist die parkähnliche Landschaft mit eingestreuten Tei-chen, behaglichen Hotels und Re-staurants. Markierte Wege führen in die Naturlandschaft, z.B. auch zum klassizistischen Brunnen-theater, in dem von Mai bis Sep-tember auswärtige Ensembles Gastspiele geben.

➧ Kloster St. Marienberg, Klosterstr., den Schlüssel zur Kirche erhält man tgl. 8–13, 14–16 Uhr im Propsteibüro, wo auch ein Termin zur Besichtigung der Schatzkam-mer festgelegt werden kann (Tel. 05351/7499)

➢ Oben: Blick auf das Kloster St. Marienberg in Helmstedt

➢ Unten: Erholsame Idylle in Bad Helmstedt

Der Elm, ein über 20 km langer Höhenzug, gilt als der schönste und größte Buchenwald Nord-deutschlands. 1977 wurde er zu-sammen mit zwei weiteren Wald-gebieten, dem Dorm und dem Lappwald, zum Naturpark Elm-Lappwald ausgewiesen.
Der Lappwald liegt in seinem öst-lichen Teil und beginnt unmittel-bar am Stadtrand von Helmstedt. In einem malerischen Tal, nur 3 km von Helmstedt entfernt, liegt **Bad Helmstedt**. Seinen Aufstieg zum Modebad des 18. Jahrhun-derts verdankte es einer schwefel-sauren Bade- und einer kohlensau-ren Trinkquelle. Zwar sind beide

➢ Links:
Das Taubenhaus des Klosters

Sightseeing
in Hildesheim

Hildesheim

Die »kleine« Großstadt mit 105.000 Einwohnern liegt im Vorland des Harz im Tal der Innerste. 815 von Kaiser Ludwig dem Frommen gegründet, besitzt sie herausragende frühromanische Bauwerke, die von der UNESCO zum Weltkulturerbe erklärt wurden. Dies kann freilich nicht darüber hinweg täuschen,

➢ Vorige Doppelseite:
Blick auf den Kehrwiederturm

Wie ein Turm ein Leben rettete

Der Kehrwiederturm ist der einzige Turm, der von der alten Stadtbefestigung übrig geblieben ist.
Nach einer alten Sage hat er einem Edelfräulein das Leben gerettet: Die Dame hatte sich im tiefen Wald verirrt. Sie war schon ganz verzweifelt, denn es wurde Nacht und sie hatte Angst. Dann aber erklang das Abendläuten vom Turm, kurz bevor die Stadttore geschlossen wurden – und am Klang der Glocke konnte sie sich orientieren und wieder sicher in die Stadt zurückfinden.
Heute hat der Kunstverein dort sein Domizil.

dass in der Stadt fast alles neu ist – eine großartige Fälschung des alten Hildesheim.
Nach den Bombardements vom 22. März 1945, denen die meisten der 1500 Fachwerkhäuser zum Opfer fielen, wurde die Stadt modern wieder aufgebaut. Erst in den 80er-Jahren setzte ein Umdenken ein: Betonkolosse wurden abgerissen, historische Plätze und Straßen originalgetreu rekonstruiert. 1990 war der Wiederaufbau abgeschlossen, so dass Hildesheim nun – ähnlich wie Braunschweig – mehrere »Traditionsinseln« besitzt: Im Zentrum den Marktplatz, im Westen den Dombezirk, im Süden den Godeshardplatz und im Osten das Quartier rund um die Gassen Wollweber und Kessler.

Sehenswertes

Mittelpunkt der weitgehend verkehrsberuhigten Altstadt ist der kopfsteingepflasterte **Marktplatz (1)**. Seit seiner Gründung im 12. Jahrhundert war er das Herz des weltlichen Hildesheim, mit dem Rathaus sowie den Zunft- und Gildehäusern symbolisierte er das Selbstbewusstein der Bürger gegenüber dem Landesherrn. Die Steinplatten zeigen zwei Wappentafeln und verschiedene Bildszenen der zwölf guten Helden.

Beherrscht wird der Markt vom spätgotischen **Knochenhauer Amtshaus und Bäckeramts-haus**, dem »schönsten Holzhaus der Welt«. Mit seinem mächtigen Giebel und der bunten, reich geschmückten Fachwerkfassade kündet es vom einstigen Reichtum der Metzger und Bäcker. Die unteren Etagen beherbergen ein Café und Restaurant, während in den oberen das Stadtmuseum untergebracht ist. Dort werden Funde aus dem Mittelalter ausgestellt, außerdem edles Kunsthandwerk und Nachbildungen des römischen Hildesheimer Silberfunds. Eine virtuelle Straßenbahnfahrt vergegenwärtigt, wie das »Rothenburg des Nordens« vor dem Krieg ausgesehen hat.

🔹 Knochenhauer- und Bäckeramtshaus (Städtisches Museum), Markt 7/8, Di–So 10–18 Uhr.

➤ Folgende Doppelseite:
Das backsteinerne Rathaus

➤ Unten: Seit der Totalrestaurierung erstrahlen sie in neuem Glanz: Das Knochenhauer Amtshaus und das Bäckeramtshaus

Im Namen der Rose

Auf dem Marktplatz startet die »Rosenroute«, die Besucher über die aufs Straßenpflaster gemalten weißen Blüten zu den schönsten Sehenswürdigkeiten führt. Seit dem Jahr 815 ist die Blume das Symbol der Stadt. Warum das so ist, weiß man nicht genau. Doch wo historische Fakten fehlen, werden Legenden erzählt.

Es heißt, im Sommer jenes Jahres sei Kaiser Ludwig der Fromme bei der Jagd von der Nacht überrascht worden. Fromm wie er war, führte er eine Marienreliquie mit sich, die er in einen Rosenstrauch hängte und sich ihr zu Füßen zum Schlafen niederlegte. Doch wie staunte er, als er morgens erwachte und die Landschaft ringsum tief verschneit, selbst der Schrein im Rosenstrauch fest gefroren war. Der Kaiser deutete das »Rosenwunder« als Zeichen, just an dieser Stelle eine Marienkirche zu erbauen: Sie steht dort noch heute, prächtig aufpoliert und geadelt zur Kathedrale. Und auch die »tausendjährige Rose« gibt es noch: ihre dornigen Zweige umranken die Kirchenfassade.

➤ Der 1000 Jahre alte Rosenstock an der Apsis des Doms

Fast noch spektakulärer erscheint die Südseite des Platzes. Mit seinen Zinnen und schlanken Türmen erinnert das **Tempelhaus** an der Einmündung der Judenstraße an eine Ritterburg aus der Zeit der Kreuzzüge. Und auch das angrenzende dreigiebelige **Wedekindhaus** zieht den Blick der Besucher auf sich: In seine Eichenholzfassade sind unzählige Reliefs geschnitzt, die anschaulich von Tugenden und Lastern der Bürger erzählen.

Die Nordseite wird von der ehemaligen **Stadtschänke** und dem **Wollenwebergildehaus** ausgefüllt, die das zierliche Rokokohaus in ihrer Mitte fast erdrücken. Hinter den drei Fassaden verbirgt sich ein

➢ Der Hildesheimer Marktbrunnen wurde 1986 originalgetreu wiederhergestellt

Hotel. Es gehört der Kette Meridien, die stets noble Unterkunft an traditionsreichen Orten bietet. Gegenüber all der Schönheit erscheint das gotische **Rathaus** an der Ostseite des Platzes fast bescheiden. Durch einen Laubengang gelangt man in das Innere mit Rathaushalle und Kellergewölbe. Mehrmals am Tag (12, 13 und 17 Uhr) erklingt ein Glockenspiel, pünktlich zu Mittag pustet der »kupferne Bläser« ins Horn.

♦ Rathaus, Markt 1,
   Mo–Fr 9–16 Uhr

Mündige Bürger

Die Hildesheimer Bürger haben ihr Selbstbewusstsein schon früh entdeckt: Bereits 1217 wird ein Rathaus urkundlich erwähnt. Der bischöfliche Stadtvogt musste sich ab 1300 der Stadtgerichtsbarkeit unterwerfen. 1367 trat die Stadt der Hanse bei – ein Zeichen für wirtschaftlichen Erfolg und Wohlstand.

Die erste Zeitung erschien in Hildesheim im Jahre 1617 – sie gehört damit zu den ersten Zeitungen in Deutschland überhaupt.

137

Über die Fußgängerzone gelangt man zur **Andreaskirche (2)**, leicht zu erkennen an ihrem 114 m hohen Turm. Wer fit ist, steigt über 364 Stufen zur Aussichtsplattform hinauf, wo sich ein weiter Blick über die Stadt bietet.

◗ Andreaskirche, Andreasplatz, Mo–Sa 9–18, So 11.30–18 Uhr (im Winter zwei Stunden kürzer); Turmbesteigung: Mo–Sa 11–16, So 12–16 Uhr (nur April–Oktober).

Über die Straße Langer Hagen, die einst die Stadtgrenze markierte (Hagen=Einhegung), gelangt man zur **St. Michael-Kirche (3)**, ein UNESCO-Weltkulturerbe. Wuchtig thront die Kirche auf einem grünen Hügel, wirkt mit ihren vielen Türmen als wehrhafte Gottesburg. Im Jahr 1010 hat sie Bischof Bernward (993–1022) gestiftet, der als Vertrauter von Kaiser Otto III. und Heinrich II. über reich sprudelnde Geldquellen verfügte und später heilig gesprochen wurde. Dank seines großzügigen Mäzenatentums ist er sogar in die Kunstgeschichte eingegangen: Der »bernwardinische Stil« zeichnet Schlüsselwerke der Romanik aus, die großen Einfluss auf die europäische Architektur ausgeübt haben.

In der St. Michael-Kirche hat Bernward den konventionellen kreuzförmigen Grundriss durch Einbau zweier Chöre und zweier Querschiffe außer Kraft setzen lassen. Klare Proportionen und ruhige Farben, die sogenannte »bernwardinische Rot-Weiß-Bemalung«,

➤ Oben:
Blick vom Wall auf St. Andreas

➤ Unten: Weltkulturerbe St. Michael:
Detail aus der Holzdecke

➤ Links:
Mit 114 m ist der Kirchturm von St. Andreas der höchste in Niedersachsen

Bernward von Hildesheim

Der berühmte Erzbischof stammte aus dem sächsischen Hochadel und wurde 987 von Kaiserin Teophanu zum Hofkaplan und Erzieher des späteren deutschen Kaisers Otto III. ernannt. Bernward gewann Macht, Einfluss und Reichtum am kaiserlichen Hof, lernte Land und Leute auf zahlreichen Reisen durch Deutschland und Italien kennen. Dabei holte er sich wohl auch die Anregungen für sein späteres künstlerisches Wirken. Nachdem Bernward 993 zum Bischof von Hildesheim gewählt worden war, baute der mächtige Kirchenfürst die Stadt zu einem der bedeutendsten Kunstzentren seiner Zeit aus. Er gründete die Hildesheimer Werkstätten, wo einzigartige Werke der Baukunst, der Malerei, der Silber- und Bronzegießerei, der Goldschmiede- und Buchkunst hergestellt wurden – der von ihm geprägte Stil wird *Bernwardskunst* genannt. Herausragende Werke sind vor allem die bronzene Flügeltür und die Christussäule im Dom – ihre figürlichen Darstellungen sind für das 11. Jahrhundert einmalig und neu seit der Antike.

sorgen für den Eindruck von Weite und Größe. Hebt der Besucher den Blick zur Decke, sieht er 1300 bunt bemalte Holzbrettchen, die zu einem Mosaik zusammengestellt sind. Dargestellt ist der »Jesseboom«, der Stammbaum Jesu von Jesse über die Könige David und Salomo bis zur göttlichen Menschwerdung. Bischof Bernward hat die schöne Kirche zu seiner Grablege bestimmt. Der Steinsarkophag mit seinen sterblichen Überresten befindet sich in der Krypta des Westchors.

▶ St. Michael-Kirche, Michaelisplatz, Mo–Sa 8–18, So 11.30 sowie 13–16 Uhr (im Winter zwei Stunden kürzer)

➤ Vorige Doppelseite:
Blick auf die St. Michael-Kirche

➤ Säulengang in St. Michael

➤ Im Zweiten Weltkrieg wurde der Dom völlig zerstört, die Wiederaufbaumaßnahmen fanden in den Jahren von 1950–1960 statt

Über die Burg- und Dammstraße gelangt man zum **Roemer-und-Pelizaeus-Museum (4)**. Benannt ist es nach seinen beiden Gründern, die sich 1844 zum Ziel setzten, »die Welt nach Hildesheim zu holen«. Hermann Roemer, der als Kaufmann gute Kontakte nach Ägypten hatte, erwarb dort so viele Kostbarkeiten, dass die von ihm zusammengetragene altägyptische Sammlung als eine der besten weltweit gilt. Die ausgestellten Exponate reichen vom Anfang der Hochkultur 5000 v. Chr. bis zu ihrem Niedergang um die Zeitenwende, als Ägypten unter griechische und römische Herrschaft geriet.

Zu den Höhepunkten zählen Stelen aus der Ramses-Stadt und die lebensgroße Figur des Wesirs Hemiunu, die der Nofretete in Berlin durchaus ebenbürtig ist. Zweiter Schwerpunkt des Museums ist das alte Amerika. Eine reich bestückte Schau illustriert die indianische Kultur von den Chevín (1200–400 v. Chr.) bis zu den Inka, deren Kultur im 16. Jahrhundert von spanischen Kolonialtruppen zerstört worden ist.

❯ Roemer-und-Pelizaeus-
Museum, Am Steine 1–2,
www.rpmuseum.de, tgl. 10–18
Uhr

Eng mit dem Wirken von Bischof Bernward ist auch der **Hildesheimer Dom (5)** verknüpft. Zwei von ihm gestiftete bronzene Meisterwerke (Säule und Tür) sorgten für die Aufnahme der Kirche ins UNESCO-Weltkulturerbe.

Die Bernwardstür am westlichen Hauptportal (1015) besteht aus zwei Flügeln, deren jeder zwei Tonnen schwer ist und 4,72 x 1,12 m misst. Auf jeweils acht Reliefs sind mit minimalistischen Mitteln Freude und Hoffnung, Schmerz, Trauer und Verzweiflung dargestellt. Der linke Flügel »erzählt« von oben nach unten den Fall der Menschheit anhand der Geschichte von Adam und Eva sowie ihren Kindern Kain und Abel; der rechte Flügel schildert das Leben des Erlösers von seiner Geburt über Kindheit und Passion bis zur Auferstehung. Altes und Neues Testament sind einander gegenüber gestellt, wobei die Szenen miteinander korrespondieren. So entspricht dem links dargestellten unfehlbaren göttlichen Gericht auf der rechten Seite das weltliche, bei dem sich Menschen ein Urteil über Gut und Böse anmaßen. – Das zweite Meisterwerk, die Bernwardsäule (1020), befindet sich

im südlichen Querhaus rechts vor dem Hochaltar. Um den fast 4 m hohen Schaft windet sich ein achtfaches Reliefband, das in 24 Szenen das Leben Jesu darstellt – Geburt und Passion hat man ausgelassen, da sie bereits an der Tür dargestellt sind.

❯ Hildesheimer Dom, Domhof
(Eintritt durchs Seitenportal),
Mo–Sa 9.30–17, So 12–17 Uhr,
Rosenstock & Kreuzgang Mo–
Sa 14–17, So 12–17 Uhr (nur
von April–Oktober)

Weitere Schätze birgt das an die Kirche grenzende **Dom-Museum**. In einer nachempfundenen Schatzkammer werden Kostbarkeiten wie der Bischofsstab des hl. Bernward, das Kopfreliquiar des hl. Oswald und das Kreuz Heinrichs des Löwen ausgestellt.

❯ Dom-Museum, Domhof, Di–Sa
10–17, So 12–17 Uhr

Südlich des Doms ragt auf einem Hügel die vierte wichtige Kirche von Hildesheim auf. Die **St. Godehard-Basilika (6)** entstand 1133 zu Ehren des zweiten heilig gesprochenen Hildesheimer Bischofs, dessen Namen sie trägt. Auch sie ist in den klaren Formen der frühen Romanik erbaut, mit ihren Türmen und dem wuchtigen

144

➢ Rechts:
Die bronzenen Türen vom Dom St. Maria

➤ Oben: St. Godehard ist eine der
wenigen romanischen Kirchen, die noch in ihrer
ursprünglichen Forn zu besichtigen sind

➤ Unten: Fachwerkromantik am Godehardsplatz

Hauptbau ist sie stark von der St. Michael-Kirche inspiriert.

❧ St. Godehard-Basilika, Godehardsplatz, Mo–Fr 9–18, Sa 9–17, So 11.30–18 Uhr (im Winter bis Einbruch der Dunkelheit)

Von der Kirche gelangt man über die malerischen Fachwerkstraßen Hinterer Brühl und Gelber Stern zum **Mahnmal am Lappenberg (7)**. Hier stand die Hildesheimer Synagoge, die in der Reichspogromnacht am 10. November 1938 in Schutt und Asche versank. Am fünfzigsten Jahrestag der Zerstörung wurde an dieser Stelle ein »Stein des Anstoßes« errichtet. In die Seiten des Kalksteinwürfels sind Davidsterne mit hebräischen Schriftzeichen eingelassen. Eine dem Kubus aufgesetzte Bronzeplastik zeigt die Stadt Jerusalem, getragen von vier Löwen, den Wappentieren des Stammes Juda. – Einige der angrenzenden Straßen haben die Bombardements von 1945 unbeschadet überstanden, so die Gasse Am Kehrwiederturm mit ihren Fachwerkhäusern und der gleichnamigen Bastei und die kopfsteingepflasterte Kesslerstraße mit der schönen Großvogtei.

Kloster Marienrode

Etwas außerhalb liegt das Kloster Marienrode, das malerisch an einem großen Teich gelegen ist – hier gibt es auch eine Windmühle, die heute als Jugendfreizeitzentrum genutzt wird. Im Guts-

➤ Blick über den Teich auf das Kloster Marienrode

garten befinden sich mehrere Grabstätten adliger Frauen.

1125 gegründet, war Marienrode zunächst ein Augustinerkloster, das für die Seelsorge des Umlandes zuständig war. 1259 wurde diese Gemeinschaft allerdings aufgelöst und das Kloster Zisterziensermönchen übergeben, deren Abtei kurz zuvor abgebrannt war. Der heutige barocke Stil der Bauten stammt aus dem 17. Jahrhundert, als das Kloster einen geistigen und wirtschaftlichen

Aufschwung erfuhr. Mit der Napoleonischen Besatzung wurde auch dieses Kloster 1806 säkularisiert und die Gebäude als Gutshof genutzt. Seit 1988 leben und wirtschaften hier Benediktinerinnen aus der Abtei St. Hildegard.

▶ Kloster Marienrode, Zisterzienserstraße, Tel. 05121/ 930410, Klosterkirche tägl. 9–17 Uhr, Kloster nach tel. Anmeldung, www.kloster-marienrode.de

147

Sightseeing
in Königslutter

Königslutter

Seinen majestätischen Beinamen erhielt der kleine Ort Lutter, nachdem Lothar III. 1135 an ein schon bestehendes Kloster eine Kirche anbauen ließ, die an Pracht alles Bisherige in seinem Reich übertraf. Sie drückte seinen imperialen Machtwillen aus (Lothar war vom Papst zwei Jahre zuvor zum Kaiser gekrönt worden) und sollte zugleich seiner Familie als Grablege dienen.

➢ Das Nordostportal des Kaiserdoms

➢ Der romanische Altarraum im Innern des »Doms«

Mit seinen wuchtigen Türmen dominiert der **Kaiserdom** die Silhouette des beschaulichen Städtchens. Bevor man sich die Kirche von innen anschaut, lohnt es sich, einmal um sie herumzugehen. Am Hauptchor im Südosten entdeckt man einen Jagdfries, der zu den Meisterwerken romanischer Bildhauerei zählt und vermutlich von einem lombardischen Meister namens Nikolaus geschaffen wurde. Man erkennt Jäger und gehetzte Hirsche, erstaunlicherweise auch zwei Hasen mit aufgerissenem Maul, die sich über einen am Boden liegenden Jäger hermachen – laut klassischer Ikonographie symbolisieren sie den Sieg des Guten über das Böse. Vom gleichen Meister stammt auch das von zwei

»Meine Steine sind mein Leben!«
– die Otto-Klages-Sammlung

Das Königsluttersche Umland ist von
einer enormen geologischen Vielfalt
geprägt, und der Muschelkalk des Vor-
harzes ist noch immer ein wahres El Dora-
do für Fossilienjäger. Der Kaufmann Otto
Klages hat über 20.000 Fossilien, Steine und Mineralien
zusammengetragen und der Öffentlichkeit zugänglich gemacht. Die sehenswerte Sammlung ist heute in einem der
ehemaligen Brauhäuser der Stadt untergebracht.

▶ Otto-Klages-Petrefakten-
Sammlung, Am Sack 1,
Mo–Do 16–17 Uhr,
Sa/So 15–17 Uhr, Voran-
meldung für Gruppen
und Schulklassen,
Tel / Fax.: 05353/990132

➤ Königslutter auf einem Merian-Stich aus dem Jahr 1657

Löwen gestützte Hauptportal mit drei herrlichen romanischen Bögen.

Die Kirche selbst ist mächtig, 65 m lang, im Querhaus 35 m breit und 18 m hoch. Durch Arkaden ist sie in drei Schiffe gegliedert, über die sich Kreuzgratgewölbe spannen. Die Wände sind mit pastellfarbenen Malereien geschmückt, die A. v. Essenwein 1894 in Anlehnung an mittelalterliche Vorlagen schuf. Hinter dem Langhaus öffnet sich der reich gestaltete Chorbereich mit fünf Apsiden, die durch fein gemeißelte Säulen voneinander abgetrennt sind.

In der Mitte des Langhauses prunkt das Grabmal Lothars III.: Der Kaiser ist in Marmor gemeißelt und wird von den Figuren seiner Gemahlin und seines Schwiegersohns flankiert. Freilich handelt es sich nicht um das originale Grabmal, sondern um eine

repräsentative Nachbildung aus dem Jahr 1708.

Einen Blick lohnt auch der südlich an die Kirche grenzende zweischiffige Kreuzgang, der einst zum Kloster gehörte. Jede Säule ist ein bildhauerisches Kunstwerk, Schaft und Kapitell sind jeweils unterschiedlich ornamentiert. Durch die Fensterbögen leuchtet das Grün des Gartens, hier herrscht klösterliche Stille wie vor fast 900 Jahren.

Wer mehr über die Stadtgeschichte erfahren will, besucht das benachbarte Kaiserdom-Museum.

▶ Kaiserdom, Vor dem Kaiserdom, tgl. 9–18 Uhr (im Winter bis 17 Uhr); Museum Mo–Fr 15–18, Sa 14–18, So 11–13, 14–18 Uhr

Naturpark Elm-Lappwald

Gleich hinter Königslutter erstreckt sich der Elm, einer der größten und schönsten Buchenwälder Deutschlands. Zusammen mit Dorm und Lappwald schützt der Naturpark insgesamt eine Fläche von 47.000 Ha: Hier gibt es Moore, Quellflüsse und Seen, Heideflächen, Salzwiesen und Magerrasen sowie zahlreiche Tier- und Planzenarten.

Der Höhenrücken des Elm besteht aus Muschelkalk; ein beliebtes Baumaterial, das u.a. beim Dombau in Königslutter und beim Grabmal Heinrichs des Löwen in Braunschweig verwendet worden ist – auch der Bremer Roland besteht aus diesem Material. Im Herbst zeigt der Wald seine beeindruckende Laubfärbung.

➤ Der Findlingsgarten hat ganzjährig von 8–18 Uhr geöffnet

➤ Der Elm gehört mit 9000 Ha zusammenhängender Waldfläche
zu den größten deutschen Buchenwäldern

Die Region wurde schon früh von Menschen durchwandert. Die ältesten Wurfspieße wurden auf 400.000 Jahre datiert, was weltweites Interesse hervorrief. Es gibt aber auch Zeugnisse früher Ackerbaukulturen sowie einige Megalith- und Hügelgräber. Man kann den Naturpark auf ca. 500 km durchwandern, außerdem gibt es zahlreiche Erlebnis- und Lehrpfade. Das Freilicht- und Erlebnismuseum Ostfalen e.V. (FEMO) eröffnete im März 2001 einen eiszeitlichen Findlings- und Landschaftsgarten mit rund 400 Findlingssteinen. Hier gibt es verschiedene, spannende Lehrpfade, organisierte Naturtouren und den größten Seelilienfriedhof der Welt.

▸ FEMO e.V.,
Vor dem Kaiserdom 4,
Tel./Fax 05353/3003,
femo-ev@excite.com
www.femo-online.de

155

Sightseeing
in Salzgitter

Salzgitter

»Solte de Gytere« nannte man im Mittelalter die Salzadern (*Solte*) beim Dorf Gitter (*Gytere*). Auf der Salzstraße gelangte das »weiße Gold« an Nord- und Ostsee und von dort weiter in alle Teile Europas. Als dann noch Solquellen entdeckt wurden, stieg »Solte de Gytere« zu einem Kurbad auf. Doch erst mit der Gewinnung von Eisenerz in großem Stil wandelte sich das Provinznest zu einer wichtigen Industriestadt. »Reichswerke Hermann Göring« nannte der narzisstische Minister sein Lieblings-projekt, in dem Eisen und Stahl für die deutsche Rüstungsindustrie hergestellt wurden. Um dem kleinen Ort einen repräsentativen Anstrich zu verleihen, gründete Göring die Stadt Salzgitter, der 28 Orte der Umgebung zugeschlagen wurden. Durch Wälder und Felder voneinander getrennt, bedecken sie insgesamt eine Fläche von 224 m². Ein jeder Stadtteil hat seine eigene Geschichte und sein eigenes Profil – für Besucher am interessantesten sind Lebenstedt, der urbane Mittelpunkt von Salzgitter, Salder

➤ Schloss Salder beherbergt das Städtische Museum und die Städtische Kunstsammlung

mit einem Renaissance-Schloss und das historische Bad Salzgitter. Die Industrie konzentriert sich auf Watenstedt, wo die aus den »Reichswerken« hervorgegangene Preussag AG und ein Volkswagenwerk ihren Standort haben.

Sehenswertes

Mittelpunkt der weitläufigen Stadtlandschaft ist das im Nordwesten gelegene **Lebenstedt**, geprägt von modernen Straßenzügen, Wohnvierteln und Einkaufspassagen. Wichtigste Geschäftsmeile ist die gegenüber dem Bahnhof beginnende Fußgängerzone, die sich bis zum »Blauen Bock«, dem blau gekachelten Rathaus erstreckt. Unterwegs passiert man den »Turm der Arbeit«, ein 14 m aufragendes Monument, geschaffen 1995 von Jürgen Weber. In Bronze gegossen und in Marmor gehauen wird anhand von über 100 Figuren die Geschichte der Stadt dargestellt: Von der Aushebung von Zwangsarbeitern für das Eisenerzwerk im Dritten Reich über die menschenunwürdige Arbeit der Häftlinge bis zum Eintreffen der deutschen Vertriebenen aus den verlorenen Ostprovinzen. Mit der überdimensionalen Figur eines Erzgießers auf der Turmspitze huldigt der Bildhauer dem Arbeiter von Salzgitter.

Mitten in Lebenstedt befindet sich der künstlich angelegte, 75 ha große **Salzgittersee**. Mit kmlangen Sandstränden, Hallen- und Freibad, Yachthafen und Eissporthalle bildet er die größte Freizeitlandschaft **159**

> Schloss Ringelheim
befindet sich im gleichnamigen Ortsteil

Salon Salder statt, der ausschließlich Produktionen niedersächsischer Ateliers zeigt. Einmalig in Deutschland ist die »Kunstsammlung zum Thema Arbeitswelt«. Das Spektrum reicht von Otto Dix, der die sozialen Gegensätze der Weimarer Republik in bitterbösen, sarkastischen Radierungen festhielt, bis zu den knallig-bunten, entseelten Maschinenbildern eines Roy Lichtenstein – vom Expressionismus über Neue Sachlichkeit bis zu »Skurril-Norddeutschem« à la Horst Janssen. »Arbeit« wird in der Sammlung großzügig definiert; nicht nur Feld, Fabrik und Büro sind abgebildet, sondern auch private Milieus wie etwa ein »Abendessen bei Wolf Biermann« von A.R. Penck.

der Stadt. Über eine Brücke am Westufer gelangt man auf eine Insel, die unter dem Motto »Kunst überall« in einen Skulpturenpark verwandelt wurde.

Kunstfreunde werden auch im südlich gelegenen **Salder** fündig. Im ehemaligen Kuhstall des Renaissance-Schlosses, einer Sommerresidenz der Braunschweiger Herzöge, werden auf 600 m² Fläche zeitgenössische Maler und Bildhauer ausgestellt. Einmal im Jahr findet der

▶ Museum Schloss Salder, Abt. Städtische Kunstsammlungen, Museumstr. 34, Mi–So 11–17 Uhr, Eintritt frei

> Rechts: Monument zur Stadtgeschichte
in der Innenstadt von Salzgitter-Lebenstedt

Kunst, die man erwandern kann

Seit 1985 engagiert sich die Stadt für moderne Kunst. Die »künstliche Stadt«, so ihre Losung, soll sich in eine »Kunststadt« verwandeln. Erworben werden Werke berühmter, aber auch talentierter, noch unbekannter Bildhauer, die über ganz Salzgitter verstreut, an wichtigen Plätzen und in Grünanlagen ausgestellt werden. Man findet sie auf der Insel im Salzgittersee und am Schloss Salder, an der Kirche von Bad Salzgitter und im Gutspark von Flachstöckheim. Im Rahmen einer Tagestour können ca. 60 Skulpturen erwandert werden. Nähere Informationen und einen Lageplan mit der eingezeichneten Route erhält man bei der Informationsstelle im Schloss Salder.

➤ Traditionsinsel mit Rosengarten in Salzgitter Bad

Im Schloss taucht man in die Geschichte Salzgitters ein. Der Bogen der Sammlung spannt sich von ersten menschlichen Spuren in der Altsteinzeit über die Germanen, die bereits Öfen zur Eisengewinnung besaßen, bis zur eigentlichen Stadtgründung in den 40er-Jahren des 20. Jahrhunderts. Dazu gibt es eine separate Ausstellung zur »Kinderwelt« mit historischem und zeitgenössischem Spielzeug. Im ehemaligen Schafstall illustrieren ein originales Backhaus und eine Metzgerei, eine Schmiede und eine Zimmerei dörflichen Alltag anno dazumal. Der gegenüberliegende Pferdestall ist dem Bergbau gewidmet – man erfährt dort, welche Techniken in Salzgitter angewandt werden und wie der Alltag der Bergarbeiter aussieht.

◆ Schloss Salder, Abt. Städtisches Museum, Museumstr. 34, Di–Sa 10–17 Uhr, Eintritt frei; im Sommer wird jeden 1. und 3. Mittwoch im Monat im historischen Backhaus gebacken

Die »echten« Produktionsstätten liegen 6 km östlich in Salzgitter-Watenstedt. In einem der modernsten Hüttenwerke Europas kann man den Prozess der Stahlherstellung von der Erzeugung des Roheisens im Hochofen bis zur Herstellung von Fertigprodukten im Walzwerk nachvollziehen. Ein Teil der Produktion geht ins nördlich angrenzende Salzgitter-Beddingen, wo Volkswagen die weltweit größte Fabrik für Dieselmotoren betreibt. Auch hier ist es

➤ Badespaß im Thermalsolbad in Salzgitter Bad

möglich, das Werk im Rahmen einer Führung kennenzulernen.

- Salzgitter AG, Salzgitter-Watenstedt, Anmeldung Tel. 05341/3074

- VW Salzgitter, Salzgitter-Beddingen, Tel. 05341/232610

Den Gegensatz zu Massenfabrikation und Industrie markiert **Salzgitter Bad** am südlichen Ende der Stadt. Wo früher das »Salz zu Gitter« gewonnen wurde, befindet sich heute das historische Zentrum mit restaurierten Fachwerk- und Steinhäusern. Das älteste ist der 700-jährige »Ratskeller« (heute Hotel und Restaurant), wo 1937 Hermann Göring die nach ihm benannten Reichswerke aus der Taufe hob. Sehenswert ist auch das Quartier des ehemaligen Salinenverwalters, dem Tillyhaus am Markt. Drinnen wird moderne Kunst gezeigt, ein Raum ist den »Klesmern« gewidmet, den Wanderkapellen von Salzgitter, deren Mitglieder im 18. und 19. Jahrhundert durch die ganze Welt tingelten, um die Familie daheim zu ernähren. Wie wichtig sie waren, mag man daran ermessen, dass die ca. 2000 Einwohner im Jahr 1845 nicht weniger als 74 Klesmergruppen bildeten.

Salzgitter Bad hat auch einen kleinen Kurbereich. Die Natursolequellen, deren Wasser den gleichen Salzgehalt wie das Tote Meer besitzen (ca. 25 %), speisen das moderne Thermalbad, das über einen großen Wellness-Bereich verfügt – mit Blick auf die Wälder und Höhenzüge des Harzes.

163

Sightseeing
in Wolfenbüttel

Wolfenbüttel

Ein Ausflug nach Wolfenbüttel ist eine Zeitreise in die Vergangenheit. Mehr als 600 alte Fachwerkhäuser sind erhalten, dazu originelle Kirchen und ein prächtiges Schloss – all dies auf einer kleinen, überschaubaren Fläche, die man gut zu Fuß erkunden kann.

Das einmalig geschlossene Ortsbild verdankt sich den Welfenherzögen, die 1432 aus Braunschweig vertrieben wurden und das nahe Wolfenbüttel zu ihrer Residenz erwählten. Hier hielten sie Hof und luden Künstler und Gelehrte ein; im 18. Jahrhundert sprach man von dem Ort gar als »Klein-Weimar«. Bis heute ist Wolfenbüttel ein gelehrtes Städtchen geblieben: Alljährlich pilgern Tausende von Stipendiaten zur *Bibliotheca Augusta*, einer der weltweit besten Präsenzbibliotheken.

Sehenswertes

Wichtigste Sehenswürdigkeit ist das **Schloss (1)**. Bereits im 12. Jahrhundert existierte im Osten der Altstadt eine Wasserburg, doch erst mit der Ankunft der Herzöge 1432 wurde sie in eine repräsentative Residenz verwan-

➢ Rechts:
Blick auf das Schloss

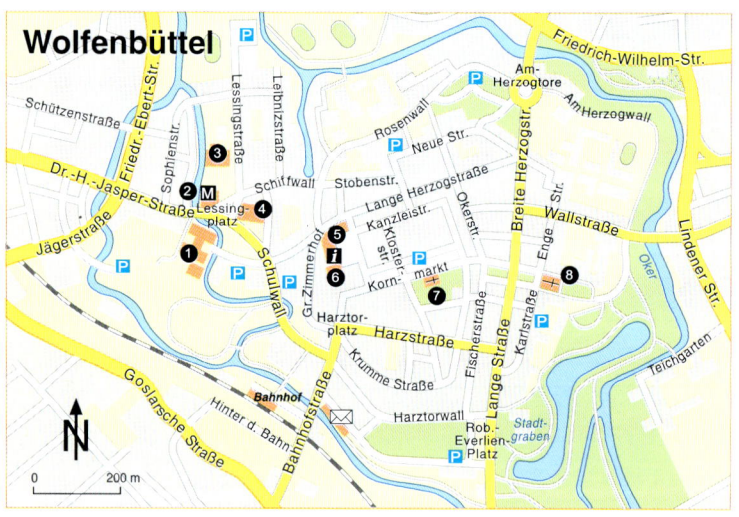

➤ Vier Jahre lebte Lessing in diesem Haus

delt. Ihr heutiges Aussehen erhielt sie 1715, als sie der Hofbaumeister Paul Korb im Stil der Renaissance umgestaltete. Ringsum reiht sich, über drei Stockwerke verteilt, ein Fenster ans nächste, so dass der Eindruck einer geschlossenen geometrischen Form entsteht. Aufgelockert wird diese durch die bewegten Barockfiguren am Portal sowie an der zum Eingang führenden Brücke.

Vom eleganten Arkadenhof gelangt man über eine Freitreppe in die Innenräume des Schlosses: Man spaziert durch barocke Prunkgemächer, die mit Intarsienwänden, schwerem Stuckdekor und Wirkteppichen ausgestattet sind, und gewinnt einen Eindruck von der Hofkultur der reichen Welfen. Eine Dauerausstellung trägt den Titel »Zeiträume – ein Gang durch die Geschichte Wolfenbüttels«. Anschaulich wird die Entwicklung des mittelalterlichen Dorfs zu einem der führenden intellektuellen Zentren Deutschlands geschildert. In einer zweiten Ausstellung sieht man Porzellan-Kostbarkeiten, die in der Schlossmanufaktur Fürstenberg seit ihrer Gründung 1747 geschaffen worden sind.

▸ Schloss, Schlossplatz 13, Di–So 10–17 Uhr

Literaturfreunde pilgern zum **Lessinghaus (2)** gegenüber vom Schloss. 1777 stellte der Herzog den kleinen Palast dem acht Jahre zuvor nach Wolfenbüttel gekommenen Schriftsteller zur Verfügung, damit er ihre Bibliothek durchforste, ordne und entstaube. Jahre zuvor hatte Gottfried Wilhelm Leibniz (1691–1716) die gleiche Stellung inne gehabt. Vier Jahre lebte Lessing in dem Haus, verfasste Essays, aber auch sein wichtigstes literarisches Werk »Nathan der Weise«. Bilder und Porträts, Dokumente, Schriften und Briefe machen mit dem Autor vertraut und geben Einblick in seinen Umgang mit anderen »Geistesgrößen« der Epoche.

‣ Lessinghaus, Lessingplatz 1, Di–So 10–17 Uhr

Hinter dem Haus erhebt sich die **Herzog August Bibliothek (3)**, ein monumentaler Bau im Stil der Neorenaissance. Der kunstliebende Fürst, dessen Namen sie trägt, hat im Laufe seines Lebens so viele Bücher gehortet, dass seine Sammlung als »achtes Weltwunder« galt. Viele europäische Gelehrte statteten ihr einen Besuch ab, darunter auch Giacomo Casanova, der, wie man sieht, außer erotischen auch intellektuellen Abenteuern nachjagte. Viel Zeit verbrachte er in der Bibliothek, die er nur verließ, um zum Essen und Schlafen in seinen Gasthof zu gehen. »Ich kann«, schrieb er, » diese acht Tage zu den glücklichsten meines Lebens zählen, denn ich war nicht einen Augenblick mit mir selbst beschäftigt.«

Lessing in Wolfenbüttel

Es ist kein Geheimnis, dass Lessing hier nicht glücklich gewesen ist: Er nahm die Stelle als Hofbibliothekar nur an, weil er in anderen Städten wie Berlin, Dresden, Wien oder Hamburg keinen entsprechenden Posten bekam, der ihm finanzielle Unabhängigkeit garantiert hätte. So plante er Wolfenbüttel nur als »Zwischenstation«, und immer fühlte er sich inmitten der Bücher abgeschnitten von der Außenwelt. Lessing versuchte diese »Wolfenbüttler Isolation« durch Reisen zu unterbrechen, immer in der Hoffnung, in einer anderen deutschen Stadt eine Stelle zu finden, was ihm aber nicht gelang (siehe auch S. 67).

➤ Folgende Doppelseite:
Die weltberühmte Bibliothek von oben

➤ Das Evangeliar Heinrichs des Löwen ist eines der teuersten Bücher der Welt

➤ Im alten Zeughaus befindet sich heute der Hauptlesesaal der Bibliothek

Heute verfügt die Bibliothek über einen Bestand von fast einer Million Titeln, darunter 12.000 Handschriften von der Antike bis zum Mittelalter, 5000 Drucke aus der Frühzeit des Buchdrucks, eine stattliche Bibelsammlung, Tausende historischer See- und Landkarten sowie eine Porträtstichsammlung, die 40.000 Blätter umfasst. Auch das teuerste Buch der Welt ist hier zu finden: Für 16,3 Millionen Euro haben 1985 die Bundesrepublik Deutschland, Niedersachsen, Bayern und die Stiftung Preußischer Kulturbesitz das »Welfen-Evangeliar« beim Londoner Auktionshaus Sotheby's ersteigert. Heinrich der Löwe hatte das Buch fast 800 Jahre zuvor bei Benediktinermönchen in Auftrag gegeben, die ein unvergleichliches Kunstwerk mit vielen Miniaturmalereien schufen. Jeweils sechs Wochen wird das kostbare Stück in der Oberen Schatzkammer im Original ausgestellt, in der restlichen Zeit des Jahres muss man sich mit einem Faksimile begnügen.

In der Unteren Schatzkammer illustrieren Himmels- und Erdgloben den sich wandelnden Blick auf die Welt. Im gegenüberliegenden Raum wird Weltliteratur ausgestellt: illustriert von Künstlern wie Picasso, Bonnard und Klee. Der Hauptlesesaal befindet sich im nahegelegenen **Zeughaus (4)**, das mit seinen prächtigen Renaissance-Giebeln wie ein Schloss erscheint.

▶ Herzog August Bibliothek,
  Lessingstraße, Di–So 10–17
  Uhr

»Fürstliche Freiheit« heißt das Viertel zwischen Schloss und Altstadt. Hier lebten Bewohner, die für den Hof arbeiteten und als »Entgelt« keine Abgaben an den Herzog zahlen mussten. Juden, die unter dessen besonderem Schutz standen, wohnten in der Straße Großer Zimmerhof. In der Krambuden-Gasse boten Kaufleute ihre Ware an. Malerisch ist auch das nördlich angrenzende »Klein-Venedig«, das romantische

Relikt eines einst umfassenden Grachtensytems.

An die Fürstliche Freiheit schließt sich nach Osten die Altstadt an. Mittelpunkt ist hier der von stattlichen Bürgerhäusern gesäumte Stadtmarkt mit einem Reiterstandbild des »Bücherherzogs«. An der Nordseite steht das **Rathaus (5)**, leicht zu erkennen an seiner Sonnenuhr und dem blau bemalten Fachwerk. Wie im Mittelalter so lädt

➤ Oben:
  Auf dem Platz vor dem Rathaus findet regelmäßig ein Wochenmarkt statt

➤ Mitte:
  Prächtige Fachwerkbauten gibt es in der Krummen Straße zu sehen

➤ Unten:
  Viel besucht ist auch die Fußgängerzone

auch heute wieder der Ratskeller zum Essen ein. Man nimmt Platz im Kellergewölbe, im sogenannten Winterzimmer oder – während der Sommermonate – im Terrassencafé. Auf der gegenüberliegenden Seite des Platzes befindet sich ein Haus mit verschränkten Herzen im Giebel, das **Standesamt (6)**.

Über die Lange Herzogstraße, die verkehrsberuhigte Geschäftsmeile der Stadt, lässt man sich im Sog des Menschenstroms hinabtreiben. Viele kleine, in behäbigen Fachwerkhäusern untergebrachte Läden verführen zum Stöbern und Shoppen. Über die Kanzlei- und die Reichstraße, die einst den herzoglichen Hofbeamten vorbehalten war, gelangt man zur **Beatae Mariae Virginis Kirche (7)**, von den Wolfenbüttelern salopp BMV genannt. In ihr sind Stilelemente von Gotik, Renaissance und Barock meisterhaft vereint. Die Portale sind aufwändig gestaltet, die

Fassade ist reich geschmückt mit Engels- und Menschenköpfen, Todes- und Auferstehungssymbolen. Sie erinnern daran, dass die Kirche Grablege der Herzöge war: Von 1550–1750 wurden in der Fürstengruft 29 Angehörige der Dynastie beigesetzt. Der golddurchwirkte Altar, die geschnitzte Kanzel und die 1623 nach Plänen des Musikers Michael Praetorius geschaffene Orgel bilden eine eindrucksvolle Innenausstattung.

▶ Beatae Mariae Virginis Kirche, Am Kornmarkt, Di–Sa 10–12, 14–16, Gottesdienst So 10 Uhr

Ein weiteres ungewöhnliches Gotteshaus entdeckt man weiter östlich am Holzmarkt. Mit ihrer breit gelagerten, reich gegliederten Barockfassade wirkt die **Trinitatiskirche (8)** wie ein mondäner Palast – von protestantischer Askese weit und breit keine Spur. Einen originellen Kontrapunkt zur Kir-

➤ Wolfenbüttel auf einem Merian-Stich aus dem Jahr 1657

➤ Die reich geschmückte Fassade der Beatae Mariae Vriginis

chenfassade bildet ein lebensgro-
ßes, in Bronze gegossenes Gärtner-
paar: Der Mann recht den Rasen,
die Frau trägt einen Weidenkorb –
unbeeindruckt von der Pracht hinter ihnen sind sie in ein Gespräch
vertieft. Ein Beispiel für Wolfenbütteler Gartenbaukunst kann man

gleich hinter der Kirche kennen
lernen: Der alte Friedhof erscheint
als stimmungsvoller Park.

◆ Trinitatiskirche, Am Holzmarkt,
Di 11–13, Mi 11–13, 14–16,
Do 15–17, Sa 11–16, Gottes-
dienst So 10.30 Uhr

Sightseeing
in Wolfsburg

Wolfsburg

Die jüngste Großstadt Deutschlands zählt 125.000 Einwohner und bietet einen spannenden Kontrast: nördlich der Bahnlinien monumentale Industriearchitektur und eine Erlebniswelt rund um das Auto, südlich davon die City mit einer vitalen, 2 km langen Einkaufsmeile und städtebaulichen Visionen von Kunst und Kultur. Fabrik, AutoStadt und City bilden den Kern Wolfsburgs – um sie herum gruppieren sich eingemeindete Marktflecken mit geschichtsträchtigen Schlössern, Museen und Parks.

Sightseeing

Hauptattraktion Wolfsburgs ist die **Autostadt**, »eines der spektakulärsten Städtebauprojekte weltweit« (DIE ZEIT). Sie entstand in unmittelbarer Nachbarschaft zum gigantischen VW-Werk, das 1938 von den Nationalsozialisten für den Bau des Volkswagens errichtet wurde. Während in den kilometerlangen Werkshallen unentwegt Wagen vom Band rollen, bummeln Besucher der Autostadt durch eine 25 Ha große Park- und Lagunenlandschaft mit Wasserstraßen und Brücken, fein gezirkelten Landzungen, Grünflächen und Hügeln. Alle, die sich fürs Zusammenspiel von Kunst und Technik, für Automarken und ihre Geschichte interessieren, finden hier unendlich viel Anschauungsmaterial. Vom Oldtimer bis zum neuesten Microbus, von der PanoramaTour bis zum Lichtspiel im 360-Grad-Kino wird alles vorgeführt, was mit der Welt von »Sicherheit« und »Fortschritt« zu tun hat. Dabei verdichten sich die einzelnen Partikel zu einem kuriosen Gesamtkunst-

➤ Oben:
Der futuristische AudiPavillon sieht aus wie ein Raumschiff von einem anderen Planeten

➤ Unten: Die Autostadt ist ideal für einen Besuch mit Kindern – in der Verkehrsschule kann man den »Kinderführerschein« machen

➤ Vorige Doppelseite:
Die AutoStadt Wolfsburg:
Blick auf KundenCenter und AutoTürme

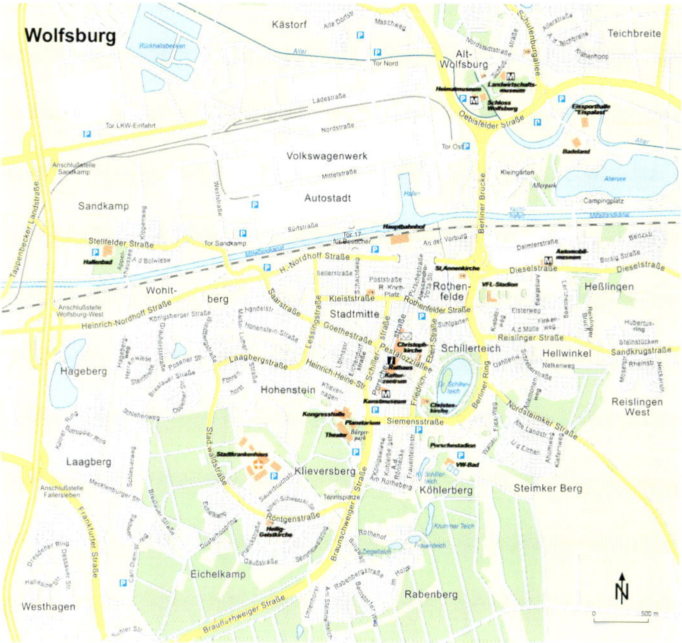

> Zweimal Wolfsburg: Umgebungskarte (oben) und die Autostadt (unten)

179

Den Übergang zur Stadt markiert das **Science Center**, ein avantgardistischer Bau, in dem auf einer Fläche von 11.000 m² Naturwissenschaft spielerisch erlebbar gemacht wird.

▶ Science Center, Hesslinger Str./ An der Vorburg, Eröffnung 2003.

Am Science Center beginnt die Porschestraße, die verkehrsberuhigte Geschäftsmeile der Stadt mit eingestreuten grünen »Inseln« – das Denkmal der Wolfsburger Wölfe ist hier ebenso zu finden wie zahlreiche Einkaufspassagen und das engagierte Kulturzentrum. Wer keine Lust hat, die Strecke zu Fuß zurückzulegen, steigt ins City-Mobile, das im Fünf-Minuten-Takt von einem zum anderen Ende der »Straße« pendelt und Gäste zum Nulltarif mitnimmt. Publikumsmagnet der Fußgängerzone ist das 1994 eröffnete **Kunstmuseum**, ein lichter Glas-Stahlbau, das durch seine Ausstellun-

➤ Kanäle und Brücken dominieren in der Lagunenstadt

➤ Vorige Doppelseite: Das Wasserland in der Fußgängerzone

werk, das den Besucher so subtil gefangen nimmt, dass daraus die nach dem Oktoberfest größte deutsche Touristenattraktion mit bis zu 10.000 Besuchern pro Tag wurde.

➤ Das Wolfsburger Kunstmuseum ist für seine Sammlung weltberühmt

▶ Erlebnis Autostadt, Anmeldung: Autostadt, StadtBrücke, 38436 Wolfsburg, Hotline 0800/ 288678238, im Sommer 9–20, im Winter 9–18 Uhr; Preisnachlass für Gruppen, Kinder, Schüler und Studenten sowie generell ab zwei Stunden vor Schließung.

➤ Das Innere der Heilig-
   Geist-Kirche saugt
   den Besucher förmlich an

Aalto & Scharoun:
Klassiker der Avantgarde

In Scharen pilgern Architekturstudenten nach Wolfsburg, denn nicht nur die Autostadt, auch die »Wohnstadt« bietet Diskussionsstoff. Berühmte Architekten haben in der City Spuren hinterlassen. So der Finne Alvar Aalto (1898–1976), der neben Le Corbusier, Mies van der Rohe und Frank Lloyd Wright zu den »großen Vier« in der Architektur des 20. Jahrhunderts zählt. Er schuf das Kulturhaus in der Porschestraße 51 sowie zwei Kirchen, die Heiliggeistkirche in der Röntgenstraße 81 und die Stephanuskirche am Detmeroder Markt 6.

Gleichfalls in Wolfsburg vertreten ist Hans Scharoun (1893–1972), der durch den Bau der Berliner Philharmonie berühmt geworden ist. In der Volkswagenstadt entwarf er das Theater am Fuß des Klieversbergs. Wie Aalto gilt er als herausragender Vertreter der »organischen Architektur«, die für ein harmonisches Zusammenspiel von Bauwerk und Landschaft plädiert.

➤ Die Wiese vor dem
Theater bietet immer
Platz zum Spielen

➢ Der Glockenturm von St. Stephanus ist noch immer unvollendet

Anstelle von Prestigeobjekten, die zwar dem Architekten Ruhm, doch dem Nutzer des Hauses keine besondere Wohnqualität bescheren, stehen die praktischen Bedürfnisse der Bewohner im Zentrum der Arbeit. Darum bevorzugten Aalto und Scharoun »natürliche« Stoffe (Holz, Keramik und Ziegel) und distanzierten sich von den »modernen« Baumaterialien (Stahl und Beton), da diese zum Wohnkomfort keineswegs beitrügen. Die vom Werk beider Architekten ausgehenden Impulse sind auch heute noch wirksam.

➤ Im Planetarium starten regelmäßig Flüge durch die Galaxis

gen schon für viel Aufsehen ge-
sorgt hat. Gezeigt wird ausschließlich Zeitgenössisches von Arte
Povera à la Mario Merz bis zu
futuristischen Rauminstallationen
von Zaha Hadid.

▸ Kunstmuseum Wolfsburg,
Porschestr. 53, Tel. 05361/
26690, www.kunstmuseum-
wolfsburg.de, Di 11–20, Mi–So
11–18 Uhr.

Nach der Kunst ein Ausflug ins Grü-
ne: Schon nach wenigen Minuten ist
der sogenannte Südkopf der Einkaufsmeile erreicht. Unwiderstehlich zieht
eine blaue Riesenkugel die Blicke an.
In der Kugel verbirgt sich das **Planetarium**, in dem mit Hilfe von Spe-
zialprojektoren der Sternenhimmel
mit Sonne, Mond und Planeten na-
turgetreu dargestellt wird. Dabei darf
man sich in bequemen Kippsesseln
zurücklehnen und die Fahrt durch
das Universum genießen.

▸ Planetarium Wolfsburg,
Uhlandweg 2, Tel. 05361/
21939, www.planetarium-
wolfsburg.de.

Das alte **Schloss** im Norden der
Stadt bildet den idyllischen Gegen-
pol zur Welt von Technik und Fortschritt. Die »Wolfsburg« ist von
einem Landschaftspark umgeben
und zählt in ihrer heutigen Gestalt
zu den prachtvollsten Bauwerken
der Weserrenaissance. Der über
dem Eingangsportal prangende
Wolf ist das Wappen der Bar-
tenslebens, des von 1302–1742 hier
residierenden Adelsgeschlechts.
Heute beherbergt das Schloss das
Stadtmuseum, das die Geschichte
Wolfsburgs von der Steinzeit bis
zur Gegenwart nachzeichnet und
auch das Dritte Reich, Bomben-
krieg, Zwangsarbeit und Konzentrationslager nicht auslässt. Außerdem sind hier der Kunstverein und
die Städtische Galerie unterge- **185**

➤ Das Hoffmann-von-Fallersleben-Museum
ist eines der ältesten Gebäude der Stadt

bracht, die vor allem Werke der Moderne zeigen. In der ehemaligen Brauscheune des Schlosses im Park erinnert ein Landwirtschaftsmuseum an die vorindustrielle Arbeit der Bauern.

🔹 Schloss (Stadtmuseum, Städtische Galerie & Landwirtschaftsmuseum), Schlossstr. 8, Tel. 05361/828510, Kunstverein Tel. 05361/67422, www.stadt-wolfsburg.de/galerie, Di–Fr 10–17, Sa 13–18, So 10–18 Uhr; während der Sommermonate finden im Innenhof Konzerte und Veranstaltungen statt.

Westlich von Wolfsburg liegt in reizvoller grüner Umgebung das 1972 eingemeindete **Fallersleben**,

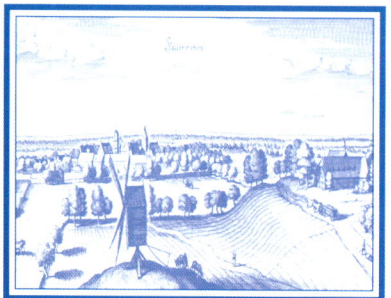

das mit seinen Fachwerkhäusern, einem Schloss und der historischen Brauerei die Volkswagenstadt mit »historischem Flair« versorgt. In einem der ältesten Gebäude der Westerstraße wurde am 2. April 1798 August Heinrich Hoffmann geboren, der sich später in Verbundenheit zu seinem Heimatort »von Fallersleben« nannte (>S. 70). Das zu seinen Ehren eingerichtete Museum ist seit 1991 im hiesigen Renaissanceschloss untergebracht und zählt zu den besten Literaturmuseen des Landes.

🔹 Hoffmann-von-Fallersleben-Museum, Schloss Fallersleben, Schlossplatz 6, Ortsteil Fallersleben, Tel. 05362/52623, Di–Fr 10–17, Sa 13–18, So 10–18 Uhr.

Der Museumsbesuch lässt sich mit einem Spaziergang durch den schönen Schlosspark verbinden, eine Grünanlage mit Kastanienwald und Teich, einem Waterloo-Denkmal und den Resten der alten Stadtmauer. Für die kommenden Jahre ist geplant, den Park neu zu gestalten. Unter anderem soll in Anlehnung an die Herzogin Clara, die die Bürger von Fallersleben um 1550 mit dem Nutzen von Heilkräutern vertraut machte, ein historischer Kräutergarten entstehen. Machen Sie sich also bei Ihrem Besuch auf Überraschungen gefasst!

➤ Rechts:
Weserrenaissance pur –
Schloss Fallersleben von Süden

Reisetipps
für alle Orte A–Z

Braunschweig

Einwohner: 245.000
Vorwahl: 0531

Information

Tourist-Information, Vor der Burg
1, Tel. 27355-0, Fax 27355-29,
www.braunschweig.de, tourist-
service-braunschweig@t-online.
de, Mo–Fr 9.30–18, Sa 10–14,
vom 01.04.–31.10. auch So 10–
12.30 Uhr

Tourismusregion
Braunschweiger Land online:
www.braunschweiger-land.de.

Kompetent geführtes Büro am Rande des Burgplatzes: Hotelbuchun-
gen sind gebührenfrei, der Erwerb
einer »Museumsverbundtageskar-
te« berechtigt zum Besuch aller
Braunschweiger Museen. Kultur-
veranstaltungen sind im kostenlosen Monatsmagazin »Braunschweig
bietet« aufgelistet. Am Büro starten
viele Besichtigungstouren, z.B. ein
»Historischer Stadtrundgang auf
den Spuren Heinrichs des Löwen«
(mit und ohne Mummeprobe) und
eine »Führung durch das Schloss

➤ Hotel Deutsches Haus

Richmond«. Über »Klinkenputzen«
und andere Merkwürdigkeiten berichtet die Führung »Kuriositäten«,
die »Sinfonie in Glas« konzentriert
sich auf den Lichteinfall in mittelalterlichen Kirchen. In anderen Führungen zieht man zu den »Ruhestät-
ten bekannter Persönlichkeiten«.
Neben den Führungen zu Fuß können von Gruppen auch die Ange-
bote des Städtischen Verkehrsver-
eins genutzt werden, die Stadt vom
Fahrrad-Sattel aus zu erleben.

Info-Pavillon, Hauptbahnhof,
Mo–Fr 9.30–15 Uhr.

Im Pavillon am Bahnhofsplatz erhalten Zugreisende eine erste und
freundliche Orientierungshilfe, es
werden Busfahrkarten verkauft und
Hotels vermittelt.

Unterkunft

Courtyard by Marriott****,
Auguststr. 6-8, Tel. 48140,
Fax 4814100, www.courtyard.
com, cy.bwecy.res.mgr@
marriott. com

Am Südeingang zur Altstadt gelegenes Hotel, komfortabel-elegant und
sehr freundliches Personal. Alle 140
Zimmer verfügen über Sat-TV, Mo-
dem- und Faxanschluss, Minibar
und »Hosenbügler«. Im Haus befindet sich ein Fitnessbereich mit Sauna und Solarium. Zum Frühstück
gibt's ein üppiges Büfett, im Restaurant Augustus wird feine Mit-
telmeerküche serviert.

Deutsches Haus****,
Ruhfäutchenplatz 1, Tel. 12000,
Fax 1200444, hotel-deutsches-
haus@web.de.

Beste Lage direkt neben der Burg
Dankwarderode und gegenüber

Preiskategorien der Unterkünfte

Die angegebenen Preis-kategorien (1-5 Sterne) beziehen sich auf den Übernachtungspreis im Doppelzimmer mit Frühstück:

*	bis 25 €
**	25–50 €
***	50–100 €
****	100–200 €
*****	über 200 €

Reich verziertes Fachwerkhaus anno 1346 im Südwesten der Altstadt. Mit vielen original erhaltenen Architekturdetails, Barockholztreppe und Deckenmalerei. Die 22 geräumigen Zimmer sind in warmen Farbtönen gehalten; alle verfügen über Sat-TV und Internetanschluss, viele auch über Musikanlage und Balkon. Am Wochenende gibt's Rabatt.

Mercure Atrium**, Berliner Platz 3, Tel. 70080, Fax 7008125, www.accorhotel.com, H0871 @accor-hotels.com.

Angegrauter Hotelkasten aus den 70er-Jahren gegenüber vom Haupt-bahnhof, 130 Zimmer.

vom Rathaus. 85 moderne Zimmer, großer Fitnessbereich und ein Restaurant mit Blick auf den Burgplatz. Oft von Busgruppen belegt.

Haus zur Hanse**, Güldenstr. 7, Tel. 243900, Fax 2439099, www.haus-zur-hanse.de, info@haus-zur-hanse.de.

Am Westrand der Altstadt: ein Haus von anno 1567 mit 15 freundlichen Zimmern. Wo einst Braunschweigs erstes Bier gebraut wurde, wird heute gutes Essen serviert.

Mövenpick**, Welfenhof/ Jöddenstr. 3, Tel. 48170, Fax 4817551, hotel.braun-schweig@moevenpick.com., www.moevenpick-braun-schweig.de.

Knapp nördlich des Burgplatzes gelegenes Hotel mit 111 komfortablen Zimmern.

Ritter St. Georg**, Alte Knochenhauerstr. 12–13, Tel. 13030, Fax 13038, info @ritterstgeorg.de., www. ritterstgeorg.de.

➢ Oben: Das Marriott-Hotel

➢ Unten: Der historische Gasthof Ritter St. Georg

Best Western Stadtpalais****, Hinter Liebfrauen 1A, Tel. 241024, Fax 241025, www.palais -braunschweig.bestwestern.de, info@palais-braunschweig. bestwestern.de.

Elegantes Hotel in einem Flügel des ehemaligen herzoglichen Waisen-hauses am Eingang zur Fußgänger-zone. Mit 45 behaglichen Zimmern, am Wochenende Preisnachlass.

Frühlingshotel***, Bankplatz 7, Tel. 243210, Fax 24321599, www.fruehlingshotel.de, fruehlingshotel@t-online.de.

Traditionsreiches Hotel in der Alt-stadt in einem Gründerzeitpalais. Funktionale Zimmer und Apart-ments, gutes Frühstücksbüfett.

Fürstenhof***, Campestr. 12, Tel. 791061, Fax 791064, www.hotel-fuerstenhof.de, info@hotel-fuerstenhof.de.

Moderner Backsteinbau zwischen Hauptbahnhof und Altstadt, mit Ter-rassencafé und einem Restaurant, das auf Wild spezialisiert ist. Alle 40 Zimmer sind freundlich-funktional eingerichtet.

City-Hotel Braunschweig***, Friedrich-Wilhelm-Str. 27, Tel. 242410, Fax 242418, www.cityhotel.de, cityhotel@ cityhotel.de.

Zentral gelegenes Mittelklassehotel auf halbem Weg zwischen St. Aegi-dien und Altstadtmarkt.

Zum Stillen Winkel***, An der Katharinenkirche 12–15, Tel. 44882, Fax 4809221.

Fünf kleine und dunkle Zimmer, et-was teuer, doch zentral im Nord-osten der Altstadt.

Simoné**/***, Celler Str. 111, Tel. 577898, Fax 574313.

Pension mit 16 einfachen Zimmern; wer auf ein eigenes Bad verzichtet, kann den Preis etwas drücken. Am Wochenende ist die Rezeption nicht durchgehend besetzt, deshalb die Reservierung lieber an Werktagen vornehmen.

Etap**, Saarbrückener Str., Tel. 509080, Fax 509094.

Das Haus gehört zur »preisgüns-tigsten Hotelkette in Deutschland«, alle Zimmer freundlich und hell mit Doppelbett, Farbfernseher, Schreib-tisch und Dusche/WC.

Privatzimmer**, buchbar über »bed and breakfast«, Herrenhäu-ser Kirchweg 19, 30167 Hanno-ver, Tel. 0511-1695550, Fax 1695551, www.bed-and-breakfast.de, braunschweig @bed-and-breakfast.de.

Die privaten Gästezimmer sind über das ganze Stadtgebiet verteilt.

Etwas außerhalb:

Advance***, Mittelweg 7, Tel. 390770, Fax 39077399.

Mittelklassehotel im Panther-Busi-ness-Center nördlich der Stadt, ca. 1,5 km vom Zentrum entfernt. Die 47 Zimmer sind ausgestattet mit Sat-TV und Internet-Anschluss. In unmittelbarer Nachbarschaft befin-det sich ein Fitness- und Wellness-Club mit Hallenbad und mehreren Saunen.

Pfälzer Hof***, Ernst-Böhme-Str. 15, Tel. 210180, Fax 2101850, hotelpfaelzerhof@t-online.de, www.hotel-pfaelzer-hof.de.

Komfortables Hotel in ruhiger Lage am Stadtrand, unter den 30 Zimmern auch einige für Nichtraucher und Behinderte. Angeschlossen ist das Restaurant des Tennis-Centers Veltenhof. Die zugehörige Fitnessanlage bietet 9 Tennis- und 4 Badmintonplätze sowie 4 Kegelbahnen.

Waldschlösschen***, Heidbleekanger 16, Tel. 62161, Fax 63959, www.waldschloesschen-bs.de, info@waldschloesschen-bs.de.

Kleines Hotel in einer ruhigen Seitenstraße der Südstadt, erreichbar mit Bus 11; alle acht Zimmer mit Bad, zum Frühstück gibt es laut Eigenwerbung »frisch gelegte Eier von glücklichen Hühnern«.

Jugendgästehaus*, Salzdahlumer Str. 170, Tel. 264320, Fax 2643270, www.gwhs.de., GRWaisenhaus@t-online.de

Preiswerteste Option in Braunschweig, aber nur für Mitglieder des DJH-Herbergsverbands: 160 Betten in sauberen Drei- und Sechs-Bett-Räumen mit Waschgelegenheit. Das Gästehaus liegt im Süden der Stadt nahe dem zentralen Krankenhaus, ab Hauptbahnhof mit Bus 11 und 19. Mit Auto auf der A 2 Abfahrt Braunschweig bzw. auf der A 7 bis Salzgitter-Kreuz und der A 39 bis zur Tangentenabfahrt folgen.

Essen & Trinken

Ritter's Gaststube***, Alte Knochenhauerstr. 12–13, Tel. 13030, Fax 13038, info @ritterstgeorg.de., www. ritterstgeorg.de.

Französisch inspiriertes, preisgekröntes Restaurant im Hotel Ritter St. Georg.

Gewandhaus***, Altstadtmarkt 1, Tel. 242777, So geschl.

Ältester historischer Gewölbekeller in Niedersachsen (1352), nobel, teuer und fein.

Stechinelli's Kartoffel-Keller**, Altstadtmarkt 1-2, Tel. 242777, tgl. 11.30–23 Uhr.

Gleich nebenan werden in schummrigem Ambiente Kartoffelvariationen serviert.

Brodocz**, Stephanstr. 1, Tel. 42236, Mo–Sa 11–22.30 Uhr.

Nördlich des Kohlmarkts in einem Innenhof gelegenes Lokal mit preiswertem Mittagstisch. Serviert werden vor allem Salate und vegetarische Gerichte.

Java Indonesia**, Auguststr. 12–13, Tel. 43511, Di–So 12–18 & 18–23 Uhr

Restaurant mit asiatischen Spezialitäten an einer viel befahrenen Trasse nahe der Altstadt. Preiswerter Mittagstisch.

Friedrich**, Am Magnitor 5, Tel. 41728.

Eine der ältesten Gaststätten Braunschweigs mit traditionell-deutscher Küche, großer Weinauswahl und mehreren Biersorten vom Fass. Im Sommer öffnet der Kastaniengarten.

Zum Löwen**, Waisenhaus-damm 13, Tel. 124511.
Rustikales Gasthaus zwischen St. Aegidien und Altstadt. Mitten im Lokal stehen riesige Kupferkessel, in denen das hauseigene Weizenbier gebraut wird. Dazu gibt's üppige Portionen deftiger deutscher Küche.

Mutter Habenicht*, Papenstieg 3, Tel. 45956, www.mutter-habenicht.de, tgl. ab 11 Uhr.
Das kleine traditionsreiche Lokal im Schatten des Burgplatzes bietet deftige Regionalküche in rustikal-gemütlichem Ambiente, zum preiswerten Mittagstisch ist es stets rappelvoll.

Etwas außerhalb:

Schäfer's Ruh**, Lindenallee 22 (Riddagshausen), Tel. 360240.
Beliebtes Ausflugscafé in einem vom Jugendstil geprägten Fachwerkhaus. Es gibt ein großes Sonntagsfrühstück und guten hausgemachten Apfelkuchen. Im Sommer sitzt man draußen im Garten, im Winter speist man drinnen und wärmt sich mit Braunkohl & Bregenwurst.

Einkaufen
Markt:
Am Mittwoch- und Samstagvormit-tag findet auf dem Altstadtmarkt der große Wochenmarkt statt, auf dem Kohlmarkt wird donnerstags ein »Bauernmarkt« abgehalten. Auf dem Schützenplatz an der Hamburger Straße findet in den Sommermonaten jeden Samstag und jeden 1. Sonntag im Monat (ab 8 Uhr) ein großer Flohmarkt statt.

Tee:
Bei Herrn Spaan im Teeladen nahe dem Burgplatz (Vor der Burg 12) gibt es leckeren »Braunschweiger Löwentee«, viele andere Spezialitäten und Accessoires für den Teeliebhaber.

Mumme:
Das berühmte Braunschweiger Bier ist heute noch als alkoholfreies Stärkungsmittel in Apotheken und Reformhäusern erhältlich.

Eulen & Meerkatzen:
Die nach Eulenspiegels Rezept gebackenen Tiere werden beim Wiener Bäcker verkauft (Schuhstr. 2).

Kultur & Unterhaltung
Staatstheater: Großes Haus, Am Theater, Tel. 1234567, www.staatstheater-braun-schweig.de, Tageskasse Mo–Fr 10–18.30, Sa 10–13 Uhr.
Das »Große Haus«, 1861 im Stil der Neorenaissance erbaut, bietet Theater, Ballett und klassische Konzerte. An der dortigen Kasse bekommt man auch Karten für das »Kleine Haus« (Magnitorwall 18), wo Kammerkonzerte und Ein-Mann-Stücke auf dem Programm stehen. Gleichfalls ans Staatstheater ist der »Theaterspielplatz« angeschlossen (Hinter der Magnikirche 6-A, Tel. 1234542), wo eigens für Kinder und

Jugendliche inszenierte Stücke aufgeführt werden.

Kino: Cinemaxx, Lange Straße 60, Tel: 01805-24636299, info@ cinemaxx.de.

Großkino mit vielen Sälen, Bestseller- und Kultfilme.

Stadthalle, Leonhardplatz, Tel. 70770, Fax: 7077222, info@ stadthalle-braunschweg.de, www. stadthalle-braunschweig.de.

Großveranstaltungen von Popkonzerten bis zu Unterhaltungsshows und Bällen.

Brücke, Steintorwall 3, Tel. 4704861, Fax: 4704809, geöffnet: Mo–Do 9–16, Fr 9–13 Uhr & bei Veranstaltungen.

Das Kulturinstitut befindet sich in einer klassizistischen Villa und bietet ein interessantes Programm: außer niederdeutschen Stücken auch Dichterlesungen, Puppentheater, Klassik und Folk.

Nachtleben

Merz, Gieselerstr. 3, Tel. 18128, tgl. ab 21 Uhr.

Café-Pub mit leckerem Essen, Tanzfläche (Independent Music) und lockerem, meist studentischem Publikum. Im Sommer mit Biergarten.

R.P. McMurphy's, Bültenweg 10, Tel. 336090, tgl. 16-2 Uhr.

Irischer Pub, am Wochenende mit irisch-keltischer Live-Musik.

Jolly Joker, Broitzemerstr. 220, Tel. 2814660, info@jolly-joker. de, www.jolly-joker.de, Mo 21.30-2, Di 21.30-3, Fr & Sa 21-4.

Disco mit den jeweils aktuellen Top-Forties.

Aktivitäten

Bootsausflüge:
Von April–Oktober kann man an der Verleihstelle Kurt-Schuhmacher-Straße/Ecke Löwenwall Boote ausleihen, mit denen man auf der Oker bzw. dem Umflutungsgraben die gesamte Altstadt umfahren kann.

Golf:
18-Loch-Anlage an der Schwartzkopffstraße (Tel. 691369)

Zoobesuch:
Auf einem großen grünen Gelände südlich der Stadt (Am Zoo 35, tgl. 9–19 Uhr, im Winter von 10 Uhr bis zur Dämmerung, Einlass bis 17.30 Uhr) erlebt man 300 Tiere von allen Kontinenten, darunter Tiger, Geparden, Nasen- und Waschbären.

Feste & Veranstaltungen

Karnevalsumzug (Februar):
Auf einen der größten Umzüge in Deutschland folgen Parties und Hanse-Samba.

Braunschweig Classix (Mai/Juni):
Zu dem bedeutenden Musikfestival werden renommierte internationale Orchester und Solisten geladen.

Kammermusikpodium (Mai):
Das Festival findet alle zwei Jahre (ungerade Zahl) statt.

Messe Harz & Heide (Mai):
Bei der einwöchigen Veranstaltung auf dem Messegelände an der Ei-

senbütteler Straße stellen Handel-
und Dienstleistungs-, Handwerks-
und Industriegewerbe ihre neuesten Produkte vor.

Spargelmarkt (Ende Mai):
Frisch gestochener Spargel für
Freunde des edlen Gemüses.

Mittelalterlicher Markt (Juni):
Auf dem Burgplatz ist alles wie zu
Heinrichs Zeiten – Spielleute in mit-
telalterlichen Kostümen, Tänzer,
Feuerspucker und Musikanten.

Schützenfest mit Masch (Juni):
Auf den großen Umzug in historischen Kostümen folgt das Fest auf
dem Schützenplatz.

Internationale DomKulturnacht (Juni oder Juli):
An vielen Orten der Stadt gibt es
ein abwechslungsreiches Kulturpro-
gramm, dazu viel Essen & Trinken.

Theaterforen (Juli):
Neue Theaterproduktionen aus
dem europäischen Ausland.

Internationales Sommer-spektakel (August):
Konzerte, Straßentheater und Märk-
te in der Innenstadt. Gleichzeitig findet auf dem Burgplatz das Altbier-
fest statt.

Magnifest (September):
Straßenfest im Magniviertel mit vielen Essensständen.

Tage Neuer Kammermusik (November):
Das Festival findet alle zwei Jahre
(gerade Zahl) statt.

Internationales Braunschweiger Filmfest (November):
Während der einwöchigen Schau
werden neue Produktionen gezeigt.

Weihnachtsmarkt (Dezember):
Stimmungsvoller Markt auf dem
Burgplatz mit Konzerten, Theorerauf-
führungen und Märchenstunden.

Verkehr

Braunschweig verfügt über eine
gute Autobahnanbindung und ICE-
Anschluss, einen Regionalflughafen
sowie einen Hafen für den Güter-
verkehr.

Mit dem Auto:
Über die Autobahnen sowie die Nord-
und Westtangente ist Braunschweig
aus allen Richtungen bestens zu er-
reichen. Auch fünf Bundesstraßen
durchqueren Braunschweig oder en-
den hier. Parkplätze und -häuser befinden sich rund um die Altstadt, z.B.
in der Wilhelmstraße, am Eiermarkt
und am Schlosspark.

Mit der Bahn:
Der Hauptbahnhof liegt 2 km südöstlich der Altstadt. Es gibt gute Ver-
bindungen nach Hannover, Magdeburg, Leipzig, Frankfurt und Berlin.

Mit Bus und Straßenbahn:
Braunschweig liegt im Zentrum eines Verkehrsnetzes, das bis zum
Harz reicht. Die Preise für die Tickets
bemessen sich nicht nach der zu-
rückgelegten Entfernung, sondern
nach der Fahrtdauer. Eine gute Wahl
ist das preiswerte 24-Stunden-Ticket,
das es auch für Kleingruppen bis zu
5 Personen gibt. Die Tickets erhält
man im Kundenzentrum in der Kleinen Burg 2-4, Mo–Fr 9–18, Sa 9–13
Uhr, Tel. 3832050, www.bsvag.de.

Mit dem Taxi:
Tel. 5591 oder 55555 (Zentrale)

Mit dem Fahrrad:
Als Verleihstation empfiehlt sich
Glockmann & Sohn, Ölschlägern 29,
Tel. 46923, Fax: 15203 (Magniviertel).

Gifhorn

Einwohner: 43.000
Vorwahl: 05371

Information

Tourismus GmbH, Marktplatz 1, 38518 Gifhorn, Tel. 88175, Fax 88311, www.gifhorn4u.de, tgg@stadt-gifhorn.de, Mo–Do 9–17, Fr 9–13, 01.04–30.09. Mo–Fr 9–17, Sa 10–13 Uhr.

Kostenfreie Vermittlung von Unterkünften und viele Tipps für Ausflüge in die Umgebung. Zu den beliebtesten Reiseangeboten der Stadt gehören der »Logenplatz am Himmel« (mit Segelrundflug) und das »Naturerlebnis im Heuhotel« sowie eine Fahrt zum Heidesee, wo sich Hermann Löns so gerne aufhielt.

Unterkunft

Morada Skan Tours***, Isenbütteler Weg 56, Tel 9300, Fax 930499, www.morada.de/gifhorn.

Dreisternehotel der skandinavischen Skan-Tours-Kette. Die 63 Zimmer sind geräumig, modern und funktional. Gutes Restaurant mit Gerichten deutscher Küche.

Heidesee***, Celler Str. 159, Tel. 9510, Fax 56482, www.ring-hotels.de.

Familiär geführtes Hotel direkt am Heidesee mit 45 gemütlichen Zimmern, teilweise mit Balkon. Im Restaurant wird feine Regionalküche serviert, im Sommer öffnet ein Terrassencafé direkt am Seeufer.

Deutsches Haus***, Torstr. 11, Tel. 8180, Fax 54672, hdeutsches@aol.com, www.landidyll.de/Deutsches-Haus.

46 freundliche Zimmer in einem jahrhundertealten Fachwerkhaus mit sehr gutem Restaurant.

Jägerhof***, Bromer Str. 4, Tel. 98930, Fax 9893433, www.morada.de/jaegerhof.

Hübsches Fachwerkhotel gegenüber dem Mühlenmuseum mit 22 Zimmern.

Löns-Krug**, Hermann-Löns-Weg 1, Tel. 53038, Fax 140404, info@loeskrug.de, www.loenskrug.de.

Traditionsreiches Hotel im Ortsteil Winkel mit 17 Zimmern sowie einem Schafstall, in dem man – ganz naturverbunden – im Heu übernachten kann. Der Dichter Hermann Löns, heißt es, war hier in zehn aufeinander folgenden Jahren zu Gast.

Camping Tankumsee*, Dannenbütteler Weg 7, 38500 Isenbüttel, Tel. 05374/1254, Fax 66347.

Außerhalb von Gifhorn: ein vom ADAC empfohlener Platz auf ebener Heidefläche, umgeben von Wald mit guter sanitärer Ausstattung. Am See kann man Boote mieten, angeln und zu Ballonfahrten starten.

Freizeitzentrum im Wiesengrund (Brenneckenbrück), An der Aller 4, 38518 Gifhorn, Tel/Fax: 12538

Campingplatz Seerosenteich in Wilsche, Tel. 73439

Essen & Trinken

Deutsches Haus***, Torstr. 11, Tel. 8180, Fax 54672, hdeutsches@aol.com, www. landidyll.de/Deutsches-Haus.

Das Restaurant ist bekannt für Regionalspezialitäten wie Heidschnucken, Wild- und Spargelgerichte.

Ratsweinkeller***, Cardenap 1, Tel. 5911, Fax: 3828.

Edelrestaurant in einem renovierten Fachwerkhaus aus dem 16. Jh.

Löns-Krug*, Hermann-Löns-Weg 1, Tel. 53038, Fax 140404, info@loeskrug.de, www. loenskrug.de.

Das Hotelrestaurant bietet Heidschnucken- und Ziegenfleisch aus eigener Zucht, auf der Gartenterrasse gibt es leckeren, selbst gebackenen Kuchen.

Kastanienoase*, Bromer Str. 4, Tel. 98930.

Zum Abschluss eines Besuchs im Mühlenmuseum: frisch gebackener Kuchen im Café des Hotels Jägerhof.

Aktivitäten

Wandern
Eine Wanderkarte für die gesamte Region kann man bei der Tourismus GmbH am Marktplatz anfordern. Dort gibt es auch Materialien zum Naturlehrpfad im Ortsteil Winkel.

Radfahren
Die Radwanderbroschüre der Stadt stellt elf ausgewählte Touren vor.

Paddeln
Auf der Ise geht es bei schwacher Strömung von Gifhorn über Gamsen nach Kästorf und zurück (insgesamt 8 km): vorbei an weidenden Heidschnucken, Kühen und Pferden. Weitere Infos über Tel. 82483.

Golf
Golf-Club Gifhorn, Wilscher Weg 56, Tel. 16737. Um auf dem 18-Loch-Golfplatz zu spielen, ist die Mitgliedschaft in einem Golfclub erforderlich.

Reiten
Reitanlage Gifhorn-Winkel, Friedrich Sievers, Kellerberg 2, Tel. 3865.

Reiterbetrieb Marie-Luisenhof, Tel. 3240.

Angeln.
Angelerlaubnisscheine für Ise, Aller-Kanal, Waldsee, Schlosssee, Tankumsee und Maikampsee bekommt man bei der Firma Schütte, Steinweg 29, 38518 Gifhorn, Tel. 50044, Fax: 50046, schütte-voney@t-online.de.

Bootsverleih
Restaurant Heidesee, Tel: 05371-4348.

Ise-Tours (beim Hotel Jägerhof), Tel: 989322.

Fahrradverleih
Jugendwerkstatt Gifhorn, Am Bahnhof Süd 9, Tel: 949411.

➤ »Feuer und Wasser« – das Sommerfestival

Bike-Shop, Cardenap 7, Tel. 58530, Fax: 932502, Gifhorn@Brandes-Speckesser.de, www.Brandes-Speckesser.de.

Brendler, Fallersleben er Str. 2, Tel. 58275, info@bendler24.de, www.bendler24.de.

Hotel Jägerhof, Bromer Str. 4, Tel. 98930, Fax: 9893433, jaegerhof@morada.de, www.morade.de/jaegerhof.

Skan-Tours, Isenbütteler Weg 56, Tel. 9300.

Hotel Deutsches Haus, Torstr. 11, Tel. 8180, Fax 54672, hdeutsches@aol.com, www.landidyll.de/Deutsches-Haus.

Kutschfahrten

Hotel Löns-Krug, Hermann-Löns-Weg 1, Tel. 53038, Fax 140404, info@loenskrug.de, www.loenskrug.de.

Hotel Jägerhof, Bromer Str. 4, Tel. 98930, Fax 9893433, www.morada.de/jaegerhof.

Mayer in Gifhorn, Tel. 4817.

Friesengestüt in Neu-Waldorf, Tel. 18238

200

Schwimmen

In der Nähe des Schloßsees, in der Konrad-Adenauer-Str., befindet sich ein beheiztes Hallen- und Freibad. Auskunft über die Öffnungszeiten unter Tel. 802148.

Segelfliegen

Informationen erhält man beim Segelflugplatz Wilsche unter Tel. 71654 oder 05304-901363.

Tennis/Squash

In der Tennishalle Böttcher, Im Heideland 15, stehen 5 Hallenplätze und eine Squashanlage zur Verfügung, Tel. 591989, Fax: 15178.

3 Hallen- und 10 Freiplätze bietet der Tennisclub Gifhorn, Tel. 53411.

Feste & Veranstaltungen

Das Schützenfest feiert man meist um den 18. Juni, den Tag der Schlacht bei Waterloo (1815). Im Sommer finden die Gifhorner Schlossfestspiele statt, etwas später das Altstadtfest in der Fußgängerzone.

»Feuer und Wasser« nennt sich ein Open Air Festival mit verschiedenen Theater- und Musikgruppen auf fünf Bühnen im Schlosspark. Neben Kunst und Musik gibt es auch allerlei Kulinarisches – vom halben Hummer über die rustikale Laugenbrezel bis hin zum selbstmitgebrachten Picknick.

8000 Menschen nehmen jedes Jahr an dem Spektakel (mit großem Feuerwerk) in den Schlosswiesen teil. Der Termin variiert, 2002 ist es der 10. August.

Goslar

Einwohner: 45.000
Vorwahl: 05321

Information

**Tourist-Information Goslar,
Markt 7, 38640 Goslar,
Tel. 78060, Fax 780644,
www.goslarinfo.de, goslarinfo
@t-online.de, Nov.–Apr
Mo–Fr 9.15–17, Sa 9.30–14,
Mai–Okt Mo–Fr 9.15–18,
Sa 9.30–16, So 9.30–14 Uhr**
Hier starten auch die Stadtführungen z.B. zu folgenden Themen:
»1000 Schritte durch die Altstadt«,
»Alte Stadt & moderne Kunst«, »Faszination Fachwerk«, »Romanik auf Schritt und Tritt« oder »Goslar zur Dämmerstunde«.

**Informationsstelle Harz, Harzer
Verkehrsverband e.V., Marktstr.
45, 38640 Goslar, Tel. 34040,
Fax 340466, www.harzinfo.de,
harzer-verkehrsverband@
t-online.de, So geschlossen.**

Unterkunft

Das Brusttuch**, Hoher
Weg 1, Tel. 34600, Fax 346099,
www.treff-hotels.de.**

Komforthotel in einem originellen, 450 Jahre alten Fachwerkhaus. Mit 13 plüschigen Zimmern im 70er-Jahre Stil und einem Mini-Hallenbad hoch oben unterm Spitzdach.

Der Achtermann****, Rosentorstr. 20, Tel. 70000, Fax 7000999.

Traditionsreiches Hotel am Nordeingang zur Altstadt. Alle 152 Zimmer mit Sat-TV und ISDN-Anschluss, angeschlossen ist die »Harz-Therme« mit Hallenbad, Saunen und Solarien.

Kaiserworth**, Markt 3,
Tel. 7090, Fax 709345,
www.kaiserworth.de.**

500-jähriges Haus in bester Lage mit Blick auf Markt und Rathaus. Alle 65 Zimmer sind stilvoll eingerichtet; ein schöner Treffpunkt ist das Arkadencafé.

Gosequell, An der Gose 23,
Tel. 34050, Fax 340549,
www.hotel-gosequelle.de.**

Gemütliches Altstadthotel nahe der Kaiserpfalz mit 13 Zimmern, alle mit Kabel-TV.

Goldene Krone*, Breite
Straße 46, Tel.34490, 344950,
www.KieklIn-Hotels.de/Goldene
KroneGoslar.**

Kleines Hotel in einem schmucken Fachwerkhaus nahe dem mittelalterlichen Breiten Tor. Mit 16 gepflegten Zimmern und einem auf Harzer Wildgerichte spezialisierten Restaurant.

**Campingplatz Sennhütte*,
Clausthaler Str. 28, Tel. 22498.**
Wiesenanlage auf einer Waldlichtung 3 km südlich der Stadt, an der B 241 nach Clausthal-Zellerfeld.

**Jugendherberge*, Rammelsberger Str. 25,
Tel. 22240, Fax 41376.**

Am südwestlichen Stadtrand am Fuß des Rammelsberges mit 168 Betten in 2- bis 8-Bettzimmern.

Essen & Trinken

Weißer Schwan**, Münzstr. 11, Tel. 25737, Fax: 317833, tgl. 11–15 & 17–23 Uhr.

Anno 1664 wurde hier ein »Ausspann« eingerichtet, heute wird in dem schmucken Fachwerkhaus knapp nördlich des Markts deftige Küche in rustikalem Rahmen serviert. Im Sommer mit Biergarten.

Der Andechser**, Markt 1, Tel. 392090, Fax: 392093, www.derandechser.de/goslar, tgl. 11–23 Uhr.

Bayerisch-klösterliche Gemütlichkeit im Ratskeller, Andechser Bier und dazu deftige Schmankerl.

Gosequell**, An der Gose 23, Tel. 34050, Fax 340549, www.hotel-gosequelle.de.

Im Lokal des Familienhotels gibt es gute Wildspezialitäten und Harzer Forellen.

Aubergine**, Marktstr. 4, Tel/Fax: 42136, tgl. 12–15 & 18–23.30 Uhr.

Wenn's mal etwas anderes als deutsche Küche sein soll: Gerichte rund ums Mittelmeer (italienisch, französisch und türkisch), Fischbüfett und Lammfilet, auch viele vegetarische Gerichte.

➤ *Das Bergwerkmuseum in Goslar*

Das Brusttuch**, Hoher Weg 1, Tel. 34600, Fax 346099, www.treff-hotels.de.

Das Hotel verfügt über einen herrlichen Speiseraum mit dunkler Holzdecke und Wandmalereien.

Anders*/**, Hoher Weg 4, Tel. 23814, Fax: 23824, tgl. 10–18.30 Uhr.

Gleichfalls in einem stattlichen Fachwerkhaus: traditionsreiches »Barock-Café« mit leckerem Baumkuchen, das Restaurant ist auf kräftige schlesische Küche spezialisiert.

Aktivitäten

Wandern:
Ein beliebtes Wandergebiet ist das Ilsetal. Vom Schlosspark von Ilsenburg folgt man dem markierten Weg zu den Paternosterklippen (rot gepunktet, 10 km) oder dem zu den Ilsefällen (rote Dreiecke, 13 km).

Wassersport:
Top-Adresse für Ruderer und Surfer ist der Okerstausee.

Feste und Veranstaltungen

Der Weihnachtsmarkt in Goslar gehört zu den schönsten des Landes. Vor der historischen Kulisse des Marktplatzes steht eine Vielzahl von Holzhütten, in denen es nach Zimt und Koriander riecht. Im herrlich beleuchteten Rammelsberg erklingt am 4. Advent Bläsermusik, in der beheizten Schmiede werden Filme über das Erzbergwerk gezeigt.

Halberstadt

Einwohner: 42.000
Vorwahl: 03941

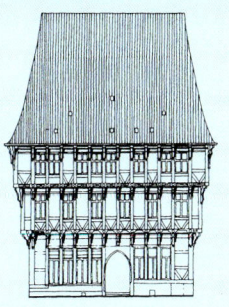

Information

Fremdenverkehrsbüro, Hinter
dem Rathause 6, 38820 Halberstadt, Tel. 551815, Fax 551089,
www.halberstadt.de, halber-
stadt-info@t-online.de,
Mai–Okt Mo–Fr 9–18, Sa 10–14,
So 10–13, Nov–Apr Mo–Fr 9–18,
Sa 10–13 Uhr

Mit öffentlichen Stadtführungen von
Mai–Oktober jeden Sa 11 Uhr und
So 10 Uhr; Treffpunkt ist der Roland
am Rathaus.

Unterkunft

Antares***, Sternstr. 6,
Tel. 600250, Fax 600249,
www.hotel-antares.de.

Modernes Hotel knapp westlich der
Altstadt mit 24 komfortablen Zimmern, Sauna und Tagungszentrum.

Halberstädter Hof***, Trill-
gasse 10, Tel. 27080, Fax 26189,
www.hotel-halberstaedter-
hof.de.

Stilvoll restauriertes Fachwerkhaus
knapp nördlich des Domplatzes mit
23 behaglichen Zimmern.

Unter den Linden***,
Klamrothstr. 2, Tel. 62540,
Fax: 6254444, www.pudl.de.

Parkhotel südlich der Altstadt, rings
um einen großen Garten gebaut. 45
gepflegte, stilvolle Zimmer.

Abtshof***, Abtshof 27 A,
Tel. 68830, Fax 688368,
www.abtshof-halberstadt.de.

Gästehaus im Fachwerkstil in der
Altstadt nordwestlich des Domplatzes. Mit 25 gemütlichen Zimmern.

Am Grudenberg***, Grudenberg
10, Tel. 69120, Fax 691269,
www.hotel-grudenberg.de.

Im Westteil der Altstadt, unterhalb
der Liebfrauenkirche gelegenes Ho-
tel-Garni mit 21 Zimmern, Sauna
und Fitness.

Ambiente**/***, Gröperstr. 88,
Tel. 586650, Fax 586666.

Hotel im Norden der Stadt, angeschlossen an ein Freizeit- und
Tourismuscenter. Mit 74 modern
eingerichteten Doppelzimmern,
auch einige Luxusapartments stehen zur Wahl.

Camping am See*, Warmholz-
berg 70, Tel. 609308, Fax
570791, www.camping-am-see.
de, info@camping-am-see.de.

Vom ADAC empfohlene Anlage am
See auf einem Wiesengelände ca.
2 km vom Zentrum entfernt (ab B
81 ausgeschildert). Mit Strandbad
und FKK-Bereich, einziger Nachteil
die nahe Bahn.

Essen & Trinken

Schwejk**, Dr.-Crohn-Str. 1, Tel. 441072.

Lokal mit böhmischen Spezialitäten am Halberstädter Schlachthof (B 81). Unsere Empfehlung: Schweinebraten mit Sauerkraut und Obstknödel mit Zwetschgen, dazu ein frisches böhmisches Bier.

Kartoffelkeller**, Westendorf 6, Tel. 607739, Di geschlossen.

Rustikales Lokal mit Angeboten rund um die beliebte Knollenfrucht: Kartoffelpuffer, Backkartoffeln, Suppen und Salate.

Zur Ratslaube**, Holzmarkt 1, Tel. 568989.

Deftige deutsche Küche im Herzen von Halberstadt.

➤ Die Liebfrauenkirche in Halberstadt

Einkaufen

Fleisch & Wurst: Halko, Große Ringstr. 48, Mo–Fr 8.30–18.30, Sa 8–13 Uhr.

Direkt ab Werk werden original Halberstädter Fleisch- und Wurstspezialitäten verkauft, man bekommt sie aber natürlich auch – etwas teurer – in den Geschäften der Altstadt.

Unterhaltung

Sport- und Freizeitcenter: Sport Factory, Gröperstr. 88, Tel. 586611, tgl. ab 12 Uhr.

Mit dem ersten europäischen Indoor-Paddle-Platz, Squash- und Badmintoncourts, einer Bowlinganlage, Sauna und Solarium. Die »Zuckerfabrik Kinopark« zeigt Aufführungen in sieben vollklimatisierten Sälen, auch spezielle Kinder- und Jugendfilme.

Tiergarten: Spiegelsberge, Tel. 24132, Fax: 448016, tgl. 9–19 Uhr, letzter Einlass 18.30 Uhr.

Präriehunde, Pampashasen, der europäische Nordluchs und 400 weitere Tiere sind hier zu beobachten.

Feste

Von Mai–September ist der Terminkalender gut gefüllt. Da gibt es nacheinander das Domfest und die Jazztage, den »Musiksommer« und ein Internationales Folklore-Festival, das Schützenfest und – als besonderen Höhepunkt – das Altstadtfest im September.

Helmstedt

Einwohner: 26.000
Vorwahl: 05351

Information

Stadt Helmstedt, Markt 1, 38350 Helmstedt, Tel. 17333, Fax 17102, www.stadt-helmstedt.de, hausmann@stadt-helmstedt.de, Sa/So geschlossen.

Im Sommerhalbjahr werden jeden Samstagnachmittag Führungen durch die Altstadt angeboten (Apr–Okt, Sa 14 Uhr). Startpunkt ist der Haupteingang des Rathauses am Markt.

Amt für Wirtschaftsförderung des Landkreises Helmstedt, Südertor 6, 38350 Helmstedt, Tel. 1211444, Fax 1211622, www.helmstedt.de, tourist @helmstedt.de.

Unterkunft

Holiday Inn Garden Court**, Chardstr. 2, Tel. 1280, Fax 128128, hlmge@t-online.de, www.holyday-inn.com/helm-staedtger.**

Für Freunde des Komforts: das beste Hotel der Stadt mit 63 Zimmern.

Jugendherberge Schöningen am Elm*, Richard-Schirrmann-Str. 6a, 38364 Schöningen, Tel. 05352/3898, Fax 3752.

Herberge mitten im Elm mit 92 Betten in Zwei-, Vier-, Sechs- und Achtbettzimmern. Mit Schwimmhalle, Volley- und Basketball, Billard und

Tischtennis. Vom Bahnhof 45 Minuten Fußweg, Vermittlung von Gepäcktransfer und Shuttleservice.

Camping Nord-Elm*, Tel. 05355/8352.

Vom ADAC empfohlenes waldreiches, leicht geneigtes Gelände in unmittelbarer Nachbarschaft zu einem Erholungspark. Von der B 1 (Braunschweig–Helmstedt) östlich von Süpplingen abbiegen und auf der L 626 über Frellstedt zum Schuntersee.

Campingplatz Waldwinkel, Maschweg 46, 38350 Helmstedt, Tel. 37161

Essen & Trinken

Schöne Straßencafés und Lokale findet man vor allem in der mitten durch die Altstadt verlaufenden Fußgängerzone, der Neumärker Straße mit ihren Seitengassen und der Markt-Passage. Nach dem Essen bestellt man sich gern einen Helmstedter Weizenkorn.

Einkaufen

Wochenmarkt:

Jeden Mittwoch- und Samstagvormittag trifft man sich auf dem Helmstedter Holzberg und kauft Obst und Gemüse, Blumen und Fleisch, oft direkt vom Erzeuger aus der ländlichen Umgebung.

Aktivitäten

Wandern & Radfahren:

Der Naturpark Elm-Lappwald ist einen Besuch wert. Das Amt für Wirtschaftsförderung verfügt über 16

➤ Mittelaltermärkte erfreuen sich größter Beliebtheit im Braunschweiger Land

Streckenbeschreibungen und eine sehr gute Karte. Fahrräder für Ausflüge verleiht der Quellenhof, Brunnenweg 19, 38350 Helmstedt, Tel. 6033. Ausserdem findet jeden Sonntag ein Lauf-Treff im Wald statt. Treffpunkt bei der Drillingskiefer, Infos unter Tel. 37689.

Angeln:

Die Angelerlaubnis für den Clarabadteich in Bad Helmstedt erteilt der Sportfischerverein, Tonwerke 13, 38350 Helmstedt, Tel. 37248.

Astronomie:

Ein kostenloser Beobachtungsabend findet bei klarem Himmel freitags auf dem Gelände der Grundschule Lessingstr. in einer privaten Sternwarte statt, im Winter ab 20 im Sommer ab 21 Uhr.

Reiten & Kutschfahrten:

Eine Reitanlage befindet sich an der Kantstr. Tel. 8646. Bei Lattermann in Walbeck, Marientaler Str. 97, Tel. 039061-3333, werden außerdem neben Reitmöglichkeiten auch Kutschfahrten angeboten. Bosse in Königslutter-Neuschoderstadt, Tel. 05353-2621, bietet ebenfalls Fahrten mit der Kutsche an.

Schwimmen:

Das Hallenbad Julius-Bad befindet sich in der Stobenstr. 34, Tel. 7140. Voraussichtlich von Juni bis Ende August ist das Waldbad Birkenteich, Maschweg 15, Tel. 3563, geöffnet.

Segelfliegen:

Der Luftsportverband, Tel. 33491, und der Segelflugplatz, Tel. 3556, erteilen Auskunft. Rundflüge: Die Kosten für 20 Minuten betragen ca. 13 €. Flüge finden Sa ab 14, So ab 10 Uhr statt.

Skateboard:

Anlagen befinden sich in den Grünanlagen Schillerstraße und Bruchweg.

Tennis & Kegeln:

Ein Tennis- & Kegelcenter ist in der Von-Guericke-Str. 26, Tel. 34646.

Feste

Im Frühsommer finden das Schützenfest und das Bierfest, im Herbst der Septembermarkt und das Altstadtfest, im November der Martinimarkt statt. Im Info-Büro der Stadt Helmstedt erfährt man die genauen Termine.

Hildesheim

Einwohner: 105.000
Vorwahl: 05121

Information

tourist information, Rathausstr.
18–20 (Tempelhaus),
Tel. 1798-0, Fax 1798-88,
www.hildesheim.de, tourist-
info@hildesheim.com, So
geschlossen.

Außer vielen Broschüren erhält man
den kostenlosen Veranstaltungs-
kalender »Hildesheim Aktuell« sowie Eintrittskarten für Theater und
Konzerte. Von April–Oktober werden mehrstündige geführte Touren
zu den Sehenswürdigkeiten der
Stadt angeboten.

Unterkunft

Le Meridien****, Markt 4, Tel.
3000, Fax 300444, www.
meridien-hildesheim.com.

Nobelhotel der renommierten Kette in einem originalgetreu wieder-
aufgebauten Rokokohaus am Markt.
Mit 111 Doppelzimmern, Fitness,
Sauna und Pool sowie einem Gour-
met-Restaurant. Am Wochenende
gibt's Rabatt.

Dorint Sülte****, Bahnhofsallee
38, Tel. 17170, Fax 1717100,
info@dorint.com.

Neu eröffnetes Viersternehotel in
einem Park südlich der Kaiserstraße,
128 Zimmer.

Weißer Schwan***, Schuhstr. 29,
Tel. 16780, Fax 167890.

Traditionsreiches Haus mit 36 Zimmern an der belebten Schuhstraße,
wer's leise mag, wählt die Hofseite.

Hotel Am Steinberg***, Adolf-
Kolping-Str. 6, Tel. 809030, Fax
267755, info@HotelAmStein-
berg.de.

Gemütliches Hotel in Waldnähe (Ortsteil Ochtersum) mit 28 Zimmern, zur
Weihnachtszeit geschlossen.

Jugendherberge*,
Schirrmannweg 4, Tel. 42717,
Fax 47847, jh-hildesheim@djh-
hannover.de.

Modernes, freundliches Haus mit
Zwei-, Vier- und Sechsbettzimmern
auf einem Hügel hoch über der Stadt.
Einchecken kann man nur von 8–
9.30 sowie 17–19 Uhr; die »Sperrzeit«
beginnt um 22 Uhr. Mit Bus 1 oder 4
bis zur Haltestelle »Jugendherberge«,
dann 750 m bergauf.

Camping Am Müggelsee*,
Tel. 53151, Fax 514010,
www.MüggelseeHi.de.

Abfahrt A7 Drispenstedt, dann etwa
1 km in Richtung Zentrum, erste
Ampel links, nächste Ampel abermals links.

Camping Derneburg*,
Derneburg, Tel. 05062/565,
Fax 8785, April–September.

Zeltplatz direkt am See 14 km südöstlich der Stadt an der B 6.

Essen & Trinken

Ratskeller**, Markt 1,
Tel. 14441, Mo geschlossen.

Traditionsreiches Lokal im Rathaus
mit großer Salatbar, frischen Fisch-
gerichten und einer großen Zahl of-

fen ausgeschenkter Weine.

Alte Münze, An der Alten
Münze 16, Tel. 132901.**

Klassischer Italiener im historischen
Stadtkern, gut schmecken hier auch
die Fischgerichte.

**Limerick*, Kläperhagen 6,
Tel. 133843.**

Gegenüber der Kreuzkirche: Beliebter Treff mit Café und Bar, im holzgefeuerten Steinofen werden lecke-
re Pizzen gebacken. Preiswerter Mittagstisch täglich von 11–16, Kaffee
und Kuchen ab 15 Uhr.

**Café Bäckeramtshaus*, Markt 8,
Tel. 133388.**

Café im schönsten Haus am Markt
mit frischen, hauseigenen Back-
und Konditorwaren.

➢ Weihnachtsmarkt in Hildesheim

Aktivitäten

Spaß- und Freizeitbad:
Wasserparadies, Bischof-Janssen-
Str. 30, tgl. 9–22 Uhr. Saunaland-
schaft auf zwei Ebenen, Wasserfäl-
le, Wildwasserkreisel, Wasserrutsche, Kinderbecken und vieles
mehr, Tel. 150712, Fax: 150733.

Einkaufen

Markt:
Auf dem historischen Marktplatz findet Mittwoch- und Samstagvormittag ein großer Obst- und Gemüsemarkt statt

Kultur & Unterhaltung

Klassik:
In den vielen Kirchen der Stadt werden am Wochenende Konzerte klassischer Musik gegeben.

Theater:
Stadttheater, Theaterstr. 6, Tel.
169322, Fax: 169393, www.stadt-
theater-hildesheim.de., Tageskasse
Mo–Fr 10–16.30, Sa 11–14 Uhr. Mit
einem eigenen Ensemble für Oper,
Operette und Musical, Schauspiel,
Ballett und Konzert. Freie Theater-
gruppen treffen sich im Theaterhaus
(Ostertor 11, Tel. 408376).

Kino:
Cinema (Bahnhofsplatz 5), Schau-
burg (Pepperworth 9b, Tel. 52271)
und Thega Filmcenter (Theater-
straße 6, Tel. 34747, Fax: 131408),
webmaster@hildesheimer-kinos.de

Kulturtreff:
KulturFabrik Löseke, Langer Garten
1, Tel. 55376, Fax: 517720, www.

kultur-fabriklöseke.de., »alternative«
Parties, Ausstellungen und Konzerte in einer alten Papiermühle hinter dem Hauptbahnhof.

Nachtleben

Viele Bars findet man in der Friesen-
straße, Jazz und Blues für alle Al-
tersgruppen erklingen in der Bi-
schofsmühle (Dammstr. 32, Tel.
34088).

Feste & Veranstaltungen

**Weihnachtsmarkt (Ende Novem-
ber bis kurz vor Heiligabend):**
Das Knochenhauer-Amtshaus verwandelt sich in diesen Wochen in
einen riesigen Weihnachtskalender,
Kunsthandwerker laden zum Markt
in die Andreaspassage.

Königslutter

Einwohner: 17.000
Vorwahl: 05353

Information

**Fremdenverkehrsamt, Rathaus,
Am Markt 1, 38154 Königslutter,
Tel. 912129, Fax 912155,
So geschlossen, www.koenigs-
lutter.de.**

Stadtführungen und Infos zu Aus-
flugszielen in der Umgebung.

Unterkunft

Avalon Hotelpark Königshof**,
Braunschweiger Str. 21a,
Tel. 5030, Fax 503244, avalon-
koenigshof-reservierung@t-on-
line.de, www.avalon-hotels.com.**

Bestes Hotel der Stadt mit 175 komfortablen Zimmern, Hallenbad und
Tennis.

Kärntner Stub'n*, Fallersleber
Str. 23, Tel. 95460, Fax 954695.**
Kleines und gemütliches Hotel mit
nur 23 Zimmern, um die Jahreswen-
de meist geschlossen.

Essen & Trinken

La Trevise*, Braunschweiger Str. 21-A, Tel. 503416,
Fax 503244, tgl. ab 18 Uhr,
im August So/Mo geschl.**

Das Gourmetrestaurant ist besonders
spezialisiert auf Langostinos, Ochsen-

schwanzpraline und Caramelbirne mit Schokoladeneis.

Dom-Café*, Vor dem Kaiserdom 3, Tel. 1535, Mo geschl.

Große Tortenauswahl, Pralinen aus eigener Herstellung und im Sommer ein Garten mit Blick auf den Dom.

Einkaufen

Jeden Donnerstagvormittag trifft man sich auf dem Parkplatz Neue Straße zum Wochenmarkt.

Unterhaltung

Im Kaiserdom finden übers Jahr verteilt hochkarätige Konzerte klassischer und geistlicher Musik statt.

Aktivitäten

Wandern & Radfahren:

Vom Glockenteichpark am Dom führt der Abt-Fabricius-Weg direkt in den Elm, einen der schönsten Buchenwälder Norddeutschlands. Dieser ist gleichermaßen beliebt bei

Wanderern und Radfahrern. Das Fremdenverkehrsamt verfügt über Streckenbeschreibungen und Karten.

Schwimmen:

Im Sportzentrum Wolfsburger/Fallersleber Str. befindet sich ein Frei- und Hallenbad, Tel. 912171.

Planwagenfahrten:

Kopmann, Schoderstedt 13, Tel. 3143.

Bosse, Schoderstedt 15, Tel. 2621.

Minigolf:

Glockenkampanlage, Steinfeld, Tel. 2289.

Reiten:

Reithalle, Dr.-Heinrich-Gremmels-Str., Tel.. 8532.

Reitanlage in den Fuhren, Tel. 3551.

Reit- und Ausbildungsstall Schrader, Fallersleber Str. 11, Tel. 5646, Fax: 990943.

Tennis:

Avalon Hotelpark »Königshof«, Braunschweiger Str. 21a, Tel. 5030, Fax: 503244.

Tennisplätze Wolfsburger Str. 25a, Tel. 7361.

Feste

Zu den Höhepunkten des Sommers gehören das Ducksteinfest im Juli und die Festspielreihe mit Werken klassischer Musik im Kaiserdom (meist im September).

Salzgitter

Einwohner: 113.000
Vorwahl: 05341

Information

Tourist Information, Vorsalzer
Str. 11, 38259 Salzgitter-Bad,
Tel. 393738, Fax 391816, Sa/So
geschlossen, www.salzgitter.de,
touristinfoz@t-online,de.

Unterkunft

Ratskeller***, Marktplatz 10,
Salzgitter-Bad, Tel. 301320,
Fax 3013242.

Ringhotel im Zentrum des Kurorts
mit 44 komfortablen Zimmern.

Quellenhof***, Hinter dem Salze
32, Salzgitter-Bad,
Tel. 34081, Fax 394828.

Ein noch recht neues Hotel mit 38
Zimmern, alle mit Kabel-TV, Telefon-
und Faxanschluss. Großes Frühstücksbüfett, Sauna und Fitness.

Campingplatz am Salzgittersee,
Zum Salzgittersee 25–27, Tel.
42206.

Essen & Trinken

Ratskeller***, Marktplatz 10,
Salzgitter-Bad, Tel. 301320,
Fax: 3013242.

Das Hotelrestaurant bietet »Erleb-
nisgastronomie« vom Feinsten. Beliebt ist das Blue-Magic-Dinner, ein
festliches Sechsgang-Menü mit Va-
rieté und Artistik.

La Fontana**, Hinter dem Salze
32, Salzgitter-Bad, Tel. 391553,
Mo geschlossen.

Restaurant im Hotel Quellenhof mit
einer großen Auswahl italienischer
Gerichte.

Einkaufen

Wichtigste Shopping-Adressen sind
die Altstadt von Salzgitter-Bad und
die City Lebenstedt.

Aktivitäten

Baden:
Thermalsolbad Salzgitter, Parkallee
3, Tel. 30980, Fax: 309850, mon-
tags und an Feiertagen geschlossen.
Mit Wellenbad, Sauna-Land und Fit-
ness-Treff. Das Thermalsolewasser
kommt aus 243 m Tiefe, Di–Fr 9–
21, Sa & So 8–19.30 Uhr.

Wandern & Radfahren:
Wegbeschreibungen und Karten zu
den 150 km Wanderweg und 120
km Radwanderweg gibt es bei der
Tourist Information.

Schwimmen:
Hallenfreibad Lebenstedt, Zum Salzgittersee 25–27, Tel. 42206, Do geschlossen.

Hallenfreibad Thiede, Danziger Str.
2, Tel. 26165, Mo geschlossen.

Beheiztes Freibad Gebhardshagen,
Gustedter Str. 137a, Tel. 71480, tgl.

Eislaufen:
Eissporthalle am Salzgittersee, Humboldtallee in Lebenstedt, Tel. 85110.

Tennis:
Tennispark am Salzgittersee, Humboldtallee in Lebenstedt, Tel. 58808, 6 Hartplätze.

Golf:
9-Loch-Platz des Golfclubs Salzgitter Liebenburg am Sport- und Ferienpark Mahner Berg, Tel. 37376.

Naherholungsgebiet Salzgittersee:
Wohl nicht zuletzt der kostenlose Zutritt zum See macht diesen unter anderem für Segler, Ruderer, Kanuten und Surfer attraktiv. Viele sehen ihn als das Wassersportzentrum der Region. Ein Hallen- und Freibad, befinden sich ebenso in seiner Nähe wie auch ein Campingplatz. Auch Sportler kommen auf ihre Kosten: Tennisplätze, eine Kart-Arena, eine Eissporthalle, sowie eine kostenlose Freizeitsportanlage bieten eine Menge Abwechslung. Jogger, Angler und Taucher fühlen sich hier ebenso wohl wie Modellbootfreunde. Natürlich kann man auch einfach zum Sonnen und Baden an den See kommen. Für Grillfreunde gibt es spezielle Plätze, auf denen man sich zum gemütlichen Beisammensein und Essen treffen kann.

Sport- und Ferienpark Mahner Berg:
Unter der Tel. 8040 oder über die Touristeninformation erhält man Auskunft über den Ferienpark. Übernachtungsmöglichkeiten bieten Ferienhäuser, Appartements und ein Hotel mit Restaurant. Für sportliche Aktivitäten stehen Tennishallen, sowie eine Reithalle mit Außenanlage und Reitwegen zur Verfügung.

Flugsport:
Drei Flugplätze bieten die Möglichkeit für verschiedene Flugsportaktivitäten: Der Flugplatz am Salzgittersee (Tel. 45006), der Flugplatz auf dem Schäferstuhl (Tel. 32865) und der Flugplatz in Salzgitter-Drütte (Tel. 24851) bieten ein breit gefächertes Programm. Egal ob Modellflug, Segelflug, Motorfliegen, Motorsegeln, Ultraleichtflug, Gleitschirmfliegen oder Ballonfahrten, für jeden Flugbegeisterten ist etwas dabei. Aber auch Flugausbildungen und Rundflüge sind auf allen drei Flughäfen möglich. Anmeldungen sind auch über die Touristeninformation möglich.

Feste

Open Air und Live (Juli/August):
Rock- und Popkonzerte auf der Insel im Salzgittersee.

Kultursommer am Schloss Salder (Juli/August):
Auftritte von Stars aus der Musik- und Kleinkunstszene.

Musiktage (Oktober):
Treffpunkt für Freunde klassischer Musik.

Wolfenbüttel

Einwohner: 55.000
Vorwahl: 05331

Information

Tourist-Information, Stadtmarkt 7, 38300 Wolfenbüttel, Tel. 86280, Fax 867708, www.wolfenbuettel.com, touristinfo@wolfenbuettel.com, Mo–Fr 9–12.30, 14–16, Sa 9–13 Uhr (April–Oktober).

Fremdenverkehrsverband Wolfenbütteler Land, Bahnhofstr. 11, 38300 Wolfenbüttel, Tel. 84259, Fax 84307.

Unterkunft

Parkhotel Altes Kaffeehaus****, Harztorwall 18, Tel. 8880, Fax 888100, www.parkhotel-wolfenbüttel.de.

Schönes Hotel südöstlich der Altstadt zwischen dem Lessingtheater und dem Stadtgraben. 76 komfortable Zimmer, Sauna und Fitnessraum. Gern trifft man sich in der »Historischen Weingrotte« des einstigen Türkischen Kaffeehauses von 1838.

Treff-Hotel****, Bahnhofstr. 9, Tel. 98860, Fax 988611.

Das Hotel hat 48 Zimmer und liegt auf dem Weg vom Bahnhof zur historischen Altstadt. Es ist an ein Family-Entertainment-Center angeschlossen und bietet Unterhaltungsmöglichkeiten wie Bowling, Kino und Diskothek.

Landhaus Dürkop***, Alter Weg 47, Tel. 7053, Fax 72638, Landhaus-Duerkop@t-online.de.

Hotel in ruhiger Lage 1 km nördlich der Altstadt mit 30 modernen Zimmern und gutem Frühstücksbüfett.

Akzent Hotel Waldhaus***, Adersheimer Str. 75, Tel. 43265, Fax 904150, krueger-christian @t-online.de.

Am Waldrand gelegenes Hotel, etwa 5 Autominuten westlich der Altstadt. 33 bequeme, picobello saubere Zimmer mit Bad, im Restaurant kann man gutbürgerlich essen.

Jugendgästehaus*, Jägerstr. 17, Tel. 27189, Fax 902445, http://jhg.forum-wf.de.

12 Ein- bis Vierbettzimmer mit Frühstück in einer privaten, also nicht dem Internationalen Jugendherbergsverband angeschlossenen Herberge. Erreichbar ab Kornmarkt mit Bus 95 bis zur Haltestelle Finanzamt.

Essen & Trinken

Ratskeller**, Stadtmarkt 2-4, Tel. 984711, Fax 979701.

Traditionsreiches Gasthaus im Rathauskeller. Mit Café und Biergarten.

Kartoffel Haus*/**, Kommisstr. 10, Tel. 925652.

Angeboten werden nicht nur preiswerte Kartoffelgerichte, sondern auch Fleisch (z.B. leckeres Lammfilet) und viel Vegetarisches.

Einkaufen

Die meisten Läden findet man in den Krambuden und der Langen Herzogstraße.

Kultur & Unterhaltung

Auf ihren Deutschland-Tourneen geben beliebte Künstler gern im Wolfenbütteler Lessingtheater ein Gastspiel (Karten: Kulturverband der Lessingstadt Wolfenbüttel e.V., Landshuter Platz 1, Tel. 2337, Fax: 298112 oder Theater direkt Tel. 23500). In der Herzog-August-Bibliothek (Lessingplatz 1, Tel. 8080, Fax: 808248) finden Vorträge und Kulturprogramme statt.

➤ Oben:
Das Lessingtheater in Wolfenbüttel

➤ Unten:
Das Herzogpaar hält Einzug in der Wolfenbütteler Altstadt

Nachtleben

Abends werden in Wolfenbüttel die Bürgersteige hochgeklappt. Nur an der Straße Großer Zimmerhof haben ein paar Bars geöffnet, am meisten los ist beim Alten Fritz (Haus Nr. 20, Tel. 298641).

Feste & Veranstaltungen

Ostereiermarkt (März/April).
Das Schloss beherbergt zerbrechliche Kunstobjekte aus aller Welt.

Theater- und Musiksommer (Juli/August).
Theaterabende und Konzerte im Innenhof des Residenzschlosses.

Theaterforen (Juli):
Internationale Ensembles stellen sich mit neuen Stücken vor.

Historisches Altstadtfest (Herbst):
Herzog August hält Einzug in die Altstadt. Die Touristeninformation hat den aktuellen Termin.

Aktivitäten

Inline-Skating:
Die Skateboardgruppe Walhalla bietet Inline Skatern in der Halle Nr. 16 der ehemaligen Englischen Kaserne in der Salzdahlumer Str. , Mo–Fr 15.30–19 Uhr und Sa, So 14–19 Uhr die Gelegenheit zum Skaten.

Schwimmen:
An der B4 in Wolfenbüttel gibt es ein beheiztes Stadt- und Hallenbad mit Riesenrutsche. Tel. 2538.

Tennis:
Asse-Sport-Center, Schweigerstr. 8, Tel. 73951, Fax: 907623.

Wolfsburg

Einwohner: 125.000
Vorwahl: 05361

Information

Informations- und Service Center Wolfsburg, Info-Pavillon, Willy-Brandt-Platz 5, 38440 Wolfsburg, Tel. 12466, Fax 12389, www.wolfsburg-tourismus.de, infopavillon @wolfsburg.de, Mo–Sa 9–19 Uhr.
Pavillon am Bahnhof mit Info-Material zu Wolfsburg, Vermittlung und Buchung von Hotelzimmern und Pensionen, Kartenvorverkauf für Veranstaltungen und Buchung von Ausflügen: Stadtführungen zu Fuß und mit Bus sowie Radtouren in die Umgebung.
Auskunft Autostadt, Stadtbrücke, 38440 Wolfsburg, Hotline 0800/ 28867823, www.autostadt.de, service@autostadt.de.

Über 2000 Mitarbeiter stehen den Besuchern mit Rat und Tat zur Seite. Führungen werden in 16 Sprachen angeboten, für Einzelgäste nach Vereinbarung ab dem WelcomeDesk im KonzernForum. Die Autostadt ist im Winter 9–18, im Sommer 9–20 Uhr geöffnet, Zugang zum KundenCenter plus Fahrzeugübergabe bereits ab 8 Uhr.

Unterkunft

The Ritz-Carlton*****, Autostadt, 38440 Wolfsburg, Tel. 607000, Fax 608000, reservation@ritzcarlton.de, www.ritzcarlton.com.

Luxushotel mit 153 Zimmern und 21 Suites. Im Untergeschoss des Hotels befindet sich das Fitnesscenter »Kraftwerk«, wo sich gestresste Manager mit Blick auf die Börsenkurse auf kommende Kraftakte vorbereiten, gleich daneben die Wellness-Oase mit je zwei Saunen für Damen und Herren, Dampfbäder und Whirlpools. Alle Übernachtungsgäste haben während des Aufenthalts kostenlosen Zugang zur Autostadt.

Holiday Inn****, Rathausstr. 1/ Ecke Porschestr. (City-Bereich), 38440 Wolfsburg, Tel. 2070, Fax 207981, infohiwolfsburg@queensgruppe.de, www.holiday-inn.com/ wolfsburgger

Das 2002 renovierte Komforthotel verfügt über 207 Zimmer und ist nur etwa halb so teuer wie das Ritz. Es liegt am Südende der Fußgängerstraße in günstiger Lage: In nur wenigen Schritten erreicht man von hier das Kunstmuseum, das Theater und das Planetarium. Mit üppigem Frühstücksbüfett, Spezialitätenrestaurant und mehreren Veranstaltungsräumen. Die Erholung in Hallenbad und Sauna ist im Preis

➢ Rotunde mit 5 Sternen:
Das Ritz-Carlton in Wolfsburg

inbegriffen, ein Parkhaus befindet sich gleich nebenan. Von Freitag bis Montag bietet das Hotel spezielle Wochenendraten.

Jugendgästehaus**, Lessingstr. 60, 38440 Wolfsburg, Tel. 13337, Fax 16630.

Herberge in der Stadtmitte, vom Bahnhof 15 Minuten zu Fuß oder mit Bus (Linie 3). Übernachtungsmöglichkeiten für 68 Personen in 20 Doppel-, Vier- und Sechs-Bett-zimmern, nur für Gäste mit gültiger Mitgliedskarte des DJH. Man hat die Wahl zwischen Übernachtung mit Frühstück, Halb- und Vollpension. Im Haus gibt es Billard, Tischtennis und Kicker, draußen Volleyball und eine Grillhütte.

Camping am Allersee*, In den Allerwiesen 5, 38446 Wolfsburg, Tel. 63395.

Anlage beim Naturfreundehaus zwischen See und Mittellandkanal, zur Mittagszeit meist geschlossen.

Etwas außerhalb:

Alter Wolf***, Schlossstr. 21, 38448 Alt-Wolfsburg, Tel. 86560, Fax 64264, info@alter-wolf.de, www.alter-wolf.de.

Historischer Gasthof mit 29 Zimmern gleich neben dem Schloss, erbaut in der zweiten Hälfte des 18. Jahrhunderts als Post- und Zollstation. Restaurant, rustikale Bar und Sonnenterrasse, Parkmöglichkeiten am Haus.

Ludwig im Park***, Gifhorner Str. 25, 38442 Wolfsburg-Fallersle-ben, Tel. 05362/9400, Fax 940400, info@ludwig-im-park.de, www.ludwig-im-park.de.

Das 1983 erbaute, stilvoll eingerichtete Viersternehaus verfügt über 50 Zimmer und liegt im Schwefelbadpark im Stadtteil Fallersleben. Zu dem Hotel gehört das mehrfach ausgezeichnete Restaurant La Fontaine.

Hoffmannhaus***, Westerstr. 4, 38442 Wolfsburg-Fallersleben, Tel. 05362/3002, Fax 64108.

Historisches Hotel im Geburtshaus des Dichters Hoffmann von Fallersleben mit 23 Zimmern, zwei Restaurants und einem Biergarten im Innenhof. 10 km westlich von Wolfsburg.

Essen & Trinken

La Grotta**, Rothenfelder Str. 21b, Tel. 05361/12949

Wolfsburgs beliebtester Italiener, seit Jahren engagiert geführt von Rosa Beato. In stilvollem Ambiente wird feine Küche serviert, der Schwerpunkt liegt auf Fisch.

Walino*/**, Porschestr. 53, Tel. 25599 Fax: 861029, info @Kunstmuseum-Wolfsburg.de, Di–Sa 11–24, So 11–21 Uhr

Bistro im Obergeschoss des Kunstmuseums mit Aussicht auf den Klieversberg. Leichte mediterrane Küche, zur Wahl stehen Salate, Pasta-Gerichte und leckerer hausgemachter Kuchen. Des öfteren gibt's Schlemmerabende unter der Losung *Eat & Art* »Erst die Kunst und dann der Braten«.

Aalto*/**, Porschestr. 51, Tel. 891689, So geschlossen.

Italienisches Lokal in dem von Star-Architekt Alvar Aalto errichteten Kulturzentrum. Im Bistro trinkt man einen guten Chianti mit Blick auf die Fußgängerstraße, wer »richtig« speisen will, geht in den minimalistisch eingerichteten Nebenraum.

Galileo*/, Porschestr. 94, Tel. 864487.**

Gemütliches Bistro & Café mit langer Bartheke, Ledersofaecke und großer Terrasse.

Café Cadera*, Porschestr. 38 (1. Stock), Tel. 12125.

Beliebtes Café im Wiener Stil in der Einkaufsmeile.

atelier café*, An der St.-Annen-Kirche 11, Tel. 12219, Di geschlossen.

Beliebter Treff zu jeder Tageszeit im Ortsteil Alt-Hesslingen/Rothenfelde. Hier kann man sehr gut frühstücken, sich zum Mittagstisch verabreden oder leckeren Kuchen probieren.

Etwas außerhalb:

Alter Wolf, Schlossstr. 21, 38448 Alt-Wolfsburg, Tel. 86560, Fax: 64264, ab 12 Uhr, So ab 17 Uhr.**

Spezialitätenrestaurant in einem historischen Gasthaus nahe dem Schloss. Mit einem großen Saal für über 100 und einem kleineren »Grafenzimmer« für maximal 20 Gäste sowie dem »Schafstall«, einer hübschen rustikalen Bar.

La Fontaine*, Gifhorner Str. 25, 38442 Wolfsburg-Fallersleben, Tel: 9400, Fax: 940400, 18 – 22 Uhr, So geschlossen.**

Das Geheimnis des Erfolgs heißt Hartmut Leimeister: Bevor der Küchenchef nach Fallersleben kam, kochte er bereits im Le Canard in Hamburg und im Nassauer Hof in Wiesbaden. Beliebt ist das Überraschungs-Schlemmermenü in fünf Gängen.

Hoffmannhaus, Westerstr. 4, 38442 Wolfsburg-Fallersleben, Tel. 05362/3002, Fax 64108, tgl.**

Geburtshaus des Dichters Hoffmann von Fallersleben mit zwei Restaurants und einem Biergarten, deutsche Gerichte.

Einkaufen

Alles konzentriert sich auf die Porschestraße, wo am Samstagvormittag auch direkt vor dem Rathaus der große Obst- und Gemüsemarkt abgehalten wird. Weitere Märkte gibt es in den »Vorstadt-Vierteln«: am meisten Flair bieten Fallersleben, Vorsfelde und Westhagen.

Unterhaltung & Kultur

Theater, Am Klieversberg, Tel. 26730.

Das Gastspielangebot reicht von Oper und Klassik über Ballett, Musical und Schauspiel bis zum Kinder- und Jugendtheater.

Autokino, Autostadt, KonzernForum, in der Regel Mo 20.30 Uhr.

Deutschlandweit das erste Programmkino zum Thema Auto, eine Erlebniswelt rund um das Thema Mobilität: Einmal in der Woche werden Road-Movies gezeigt, die Kinogeschichte geschrieben haben. Die Palette reicht von Scorseses *Taxi Driver* über Clouzots Truckerfilm *Lohn der Angst* bis zum Aussteigerfilm *Im*

217

Laufe der Zeit von Wim Wenders. Karten gibt's am WelcomeDesk am jeweiligen Kinotag ab 18.30 Uhr.

Mondo Club, Autostadt (KonzernForum).

Auf der Piazza der Autostadt gibt's an jedem ersten Samstag des Monats ein großes Discospektakel. Die Palette reicht von Soul- und Rock-Konzerten mit hochkarätigen Künstlern wie Mica Paris oder Lenny Kravitz bis zur Clubnacht mit angesagten DJs.

Bauhof, Hugo-Junkers-Weg 5.

Im Saal des Bauhofs wird vor allem am Wochenende viel geboten; manchmal gibt's auch eine »arabische Nacht« oder ein Gitarrenkonzert. Nahe dem Bahnhof und doch etwas schwierig zu finden: von der Porschestr. einbiegen in die Rothenfelder Str., dann erste links und wieder erste rechts!

Aktivitäten

Wandern:

Wolfsburg zählt zu den wenigen Städten in Deutschland, die man von Norden nach Süden im Grünen durchqueren kann. Die schönsten Wander- und Spazierwege führen durch das Hasselbachtal. Unmittelbar hinter Vorsfelde beginnt das Naturschutzgebiet Drömling.

Radfahren:

Wolfsburg besitzt ein Radwegenetz von etwa 140 km Länge. Bei der einmal im Jahr stattfindenden Tour-de-Wob herrscht Atmosphäre wie bei der Tour de France. Dann geht es in großem Bogen rund um die Volkswagenstadt, schon in den Wochen zuvor wird auf der Strecke eifrig trainiert.

Baden & Wassersport:

Am Allersee gibt es ein Freizeitbad mit dem größten Schwimmbecken Norddeutschlands, einem Erlebnispool für Kinder, einer kirchturmhohen Wasserrutsche mit unterschiedlich schnellen Röhren sowie einem 2000 m² großen Sauna- und Fitnessbereich. Außerdem kann man hier surfen, rudern und segeln.

Feste & Veranstaltungen

Internationale Sommerbühne (Juni/Juli):

Auf der Freilichtbühne im Wolfsburger Schlosspark wird das Publikum mit Tanz und Theater, Pantomime und Akrobatik unterhalten.

Schützenfest (meist Anfang Juli):

Das Wolfsburger Schützenfest ist das zweitgrößte in Niedersachsen: Groß und Klein genießen Festumzug und Kirmes.

Altstadtfest (August):

Ein Fest mit langer Tradition: drei herrliche Sommertage im historischen Ambiente von Fallersleben.

WinterLicht (Dez.–Feb.):

Die Autostadt präsentiert ein zehn Wochen laufendes Unterhaltungsprogramm mit Licht und Musik, Eis und viel Schnee.

Register

H

Register

223

Die Deutsche Bibliothek –
CIP-Einheitsaufnahme
Gawin, Izabella:
Braunschweig : ein illustriertes
Reisehandbuch /
Izabella Gawin ; Dieter Schulze. -
Bremen : Ed. Temmen, 2002

ISBN 3-86108-491-0

1. Auflage 2002

Text und Recherche:
Izabella Gawin, Dieter Schulze

Kartografie:
Elsner & Schichor, Karlsruhe

Dieses illustrierte Reisehandbuch wurde nach bestem Wissen zusammengestellt.
Im Sinne des Produkthaftungsgesetzes
weisen Autoren und Verlag darauf hin,
dass inhaltliche Fehler und Änderun-
gen nach Drucklegung dennoch nicht
auszuschließen sind. Aus diesem
Grund übernehmen Verlag und Autoren keine Verantwortung und Haftung,
alle Angaben erfolgen ohne Gewähr.
Änderungs- und Verbesserungsvorschlä-
ge seitens der Leser nimmt der Verlag
gerne entgegen.

© 2002 Edition Temmen
Hohenlohestr. 21
28209 Bremen
Tel. 0421-34 84 3-0
Fax 0421-34 80 94
e-mail: info@edition-temmen.de

Alle Rechte vorbehalten
Herstellung: Edition Temmen
ISBN 3-86108-491-0

Bildnachweis:

Stadtmarketing Braunschweig:
1, 8 (oben), 15 (unten), 22, 28, 31
(unten), 32/33, 37, 40, 41, 42, 45,
46, 48/49, 52, 56, 57, 58, 60, 62,
64, 67, 193

St. Aegidien, Braunschweig: 54

Tourismus GmbH Gifhorn:
5, 78/79, 80/81, 83, 84, 85 (beide
oben), 86/87, 88, 89, 90, 91, 92, 94,
95, 96, 199, 200, 206, 210, 212

Stadt Goslar: 98/99, 104, 106/107,
108, 109, 110/111, 202

Stadt Halberstadt: 112/113, 116,
117, 119, 203

Stadt Helmstedt: 120/121, 124,
125, 126, 127, 128, 129

Stadt Hildesheim: 130/131, 133,
134/135, 136, 137, 138, 139, 140/
141, 143, 145, 146, 147, 208

Atelier für kommunikative
Gestalgung, Königslutter: 148/149,
150, 151, 154, 155

Stadt Salzgitter: 156/157, 159, 160,
161, 162, 163

Stadt Wolfenbüttel: 3, 14, 164/
165, 167, 168, 170/171, 172, 173,
175 (oben), 188/189, 214

Stadt Wolfsburg: 180/181, 182
(unten), 183, 184, 185, 186 (oben),
187

Pressereferat Volkswagen-
Konzern: 176/177, 178, 179
(unten), 182 (oben), 218

The Ritz Carlton Hotel: 215

Verlagsarchiv: 8 (unten), 9, 10
(oben), 11 (unten), 13, 25, 26, 29,
39, 50/51, 68, 69, 71, 72, 74, 85
(unten), 101, 102, 103, 105, 115,
123, 142, 153, 169, 174/175
(unten), 186 (unten)

Alle übrigen Fotos:
Dieter Schulze/Izabella Gawin